春のはなびら

戦争の残照　わが幼年時代

大野一道――著

吉田書店

目次

終戦の日前後

終戦の日、私は四歳三か月だった。それまでは東京の立川にいたのだが、そこには飛行場があって、いつ空襲に会うか分からないということで、母の郷里山梨に疎開していた。だが昭和二十年八月十五日の終戦の日は、父の郷里信州松本の在にいたのを覚えている。

父は東京に残っていたから、父方の実家に母と二人で厄介になっていた。だがあの日は、確か近くの温泉に行くとかで、祖母と母と三人で午前中に家を出て、どこかの田舎道を歩いていてちょうど昼時、とある農家の前を通りかかり、その庭先に大勢の人が集まってラジオに耳傾けているところに出くわした。何か重大な放送らしいので私どもも立ち止まったのだが、幼い私にはもちろん、祖母や母にもよく分からないまま放送は終わり、人々が散り散りになってゆくとき、やっと誰かから、どうやら戦争が終わったようだと聞いたらしい。あれが玉音放送に立ち会った私の記憶だが、あの情景以外、その前後はまったく覚えていない。

戦争をめぐる思い出といえば、あの日よりかなり前のことだったろうが、山梨で見たアメリカの爆撃機B29の大編隊が思い浮かぶ。山梨では、私どもは甲府のとある家の一間を借りて、立川から送ったいくらかの家財道具とともに住んでいた。母の実家は甲府から二里近く南の村にあったから、しばしば遊びに出かけていた。実家近くには母の次兄の家もあり、私とあまり歳の違わない従兄弟たちがいたから、その連中とよく遊んでいた。周りを富士山はじめ高い山々に囲まれているとはいえ、甲府盆地には田圃《たんぼ》や桑畑や果樹園が一面にあって、子どもたちにとっては無限に広い空間のように思われた。そんなどこかの細道や小川のほとりで遊んでいるとき、あっ、B29だと誰かが叫ぶ。と、はるか南方、富士山の向こう側から手前の山を越え、五機か六機ずつが逆V字型の編隊を組んで、B29が次から次へと姿を現す。私たちは広い田圃のあぜ道に出て一列に並び、それを見上げる。真っ青な空を背景に白くキラキラと輝きながら、しだいにそれらの鈍い爆音が高まり、やがてその大群は私たちの頭上を通り過ぎ、さらに北上してから、きまって東へと向きを変えて飛び去っていった。何度となくそんな光景を見て、そのたびに私たちは、一機、二機と大きな声をだして数えたものだ。最高九六機まで数えたのを覚えている。もしかしたら、もっと大群だったかもしれないが、首が疲れてしまったためか、夕闇が濃くなって機影がはっきりしなくなったためか、それとも当時の私たちには、それ以上数えるのがしんどくなってしまったためか、その数までしか記憶にない。

大人たちの話によると、それらはすべて、東京やらその他の関東地方の町やらを目標にやってきたものだという。あれらの飛び去った先でどんな出来事が起きていたのか、当時の私には想像もできなかった。ところがある日、もうすっかり暮れた後だったのだろう、外に出て数えることもなかったが、例の鈍い爆音がしだいに近づいてきて突如消えてしまったことがあった。どうしたのだろうと思っていると、しばらくして甲府のほうで激しい爆発音が響いてきた。それまで山梨の人々にとっては常に頭上をこえてゆくだけの存在だったB29が、その日は甲府そのものを空襲したのだ。その夜遅くまで、私たちのいた村から見て北方の空は、赤々と、そう、美しく輝いていた。甲府全体が燃え上がって真っ赤な炎が一面に広がり、それまでに見たこともない明るい夜になっていて、その炎の中を、うごめくような人影が、影絵のように右に左に走っているのが見えた。おそらく手前の村の人々の、逃げ惑っている姿だったのだろう。私は母に背負われながら、一瞬そんな光景を見て、それから防空壕に入ったのを覚えている。と、その壕の中に、突如明るい光が飛び込んできて、火に包まれるのかと思った。空襲を終えたB29のどれかが、落とし忘れた焼夷弾を村のどこかに一発落として飛び去ったということだ。地上を守るはずの高射砲が放たれることも、迎撃の飛行機が飛び立つこともなかった。こうしてほぼ一晩じゅう敵のなすがままになって、甲府は壊滅した。

あとで聞いた話によると、爆撃はまず町の周辺部から始まり、しだいに市の中心部に及んだという。ただし市役所など、主要な建物はすべて攻撃の対象とはならず、無事に残されていたという。戦後に進駐することになったとき、アメリカ軍が使うためらしいよと大人たちが話すのを聞いたが、おそらくそれは戦争が終わってから聞いたことである。それゆえ甲府の被害は、焼夷弾で焼かれた民家が中心となった。翌朝、町を流れる川には無数の死体が浮いていたとか。子ども心になぜか忘れがたいのは、その死体の中に数珠を手にしたお坊さんがいたという話だ。かっと目を見開き、周囲をにらみつけるような表情をしていたというから、そのお坊さんの悶絶しつつ息絶えた表情を想像し、きっと恐くなっていたのだろう。私どもが間借りしていたあの家も焼けてしまったというから、もし何日か前、母の実家に遊びに出かけていなかったなら、私も母も死んでいたかもしれない。

甲府大空襲は七月八日ごろだったはずだ。その時は山梨にいて、八月十五日には松本近くにいたのだから、山梨も危ないということで信州に移ったのかもしれない。だが私はピカドンの話を、それもいかにも恐ろしげに話されるのを間違いなく山梨で聞いている。あれはいったい、いつのことだったのか。

母の兄嫁が「恐ろしいですね、ピカッと光りを浴びただけで、あっという間にみんな焼け死んでしまうんですって。でもね、真っ白な晒《さらし》の布を頭からかぶって、全身を覆い尽くしていれば、そんな殺人光線を防ぐこともできるとか。でもね、晒は洗濯した物だとダメなんですって。おろしたての晒でなけりゃ助からないということですよ」と母に話していたのを聞いた。母は「うちには真新しい晒があるはずだから、さがしておいて、万一の時には出せるようにしておきませんとね」と答えていた。ドーンというすさまじい音とともに、すべてのものがなぎ倒されてしまうという原爆の破壊力については、あまり恐ろしがられていなかったように思う。その面は普通の爆弾の破壊力と規模が違うだけで、新型爆弾の新型たるゆえんは、もっぱらピカッと光る熱線の強烈さに求められていたのだろう。恐るべきその光線が、おろしたての晒の布一枚で防げるとは(じつはこの噂、軍が流したものらしい。芹沢光治良『人間の運命』第三部、第一巻「夜明け」二二八頁参照。ただし芹沢作品では「晒」の代わりに「浴衣《ゆかた》」となっている)。

噂といえば、その話を聞いたのとほとんど同じころ、ソ連が攻めてきて、北のほうで、一瞬にしてすべてを凍りつかせる爆弾を落としたらしいという話も広まっていた。幼な心に私は、それじゃすべてを焼き尽くすアメリカの爆弾と、すべてを凍りつかせるソ連の爆弾とを同時に落としてもらえば、暑くも冷たくもならず何事も起こらないで無事ではないかと考えたりした。広島に原爆が落とされたのは八月六日、その後私どもが信州にいたのは九日後の終戦の日、すると間違いなく、その間にそうした話を聞いたのだろう。信州では父の実家は大規模な養蚕をやっていて、その仕事の様子を十分すぎるほど見てきた記憶があるから、山梨に戻ってきたのは、戦争が終わってしばらく経ってからのはずだ。それゆえ、その時期に原爆などの話が、あんなに恐ろしげに語られるとは考えられない。とすると、どう考えても広島がやられて数日後には、あのような山梨の田舎でも、ゆがんだ噂をともないながら、世にも恐ろしいピカドンの話が皆に知られるようになっていたのだ。

いずれにせよ翌昭和二十一年の年頭、私は、迎えに来た父と、そして母とともに、甲府から列車に乗って、いまも住んでいる埼玉の地に引っ越してきた。その列車はひどく混んでいて通常の乗り口からは乗車できず、小さなリュックを背負わされた私は、開いていた窓の一つから車内に押し込まれた。そしてその辺にすわっていた男の人たちの膝の上に載せられたのだが、父と母の姿はどこにも見えず、一人見捨てられたような気分となって、ワンワンと大声で泣き続けていた。あんなに泣いたことはめったにない。「坊や、坊や、お父さんやお母さんは、あっちの車両に乗り込んだからね。次の駅でお迎えに来てくれるからね。大丈夫、大丈夫」と周りの大人たちが言ってくれたように思う。が、次の駅でもその次の駅でも父たちの姿は見えず、やっと四つ目か五つ目の停車駅で両親が迎えに来てくれ、私は泣きやみ、ほっとし、おそらく眠り込んでしまったのだろう。その後のことで思い出せるのは、現在もいる土地に、もう夜になっていたが、手を引かれて歩いて到着したときの光景だ。家の後ろに森があって、その木々のシルエットが夜空を背景に黒々と浮き出ていた。

その家で私の戦後が始まった。しばらくは山梨で過ごした時代との区別がつかないところがあった。たとえば、家の近くに工場があって、始業時、昼休み、終業時の三回、毎日サイレンを鳴らしていたが、それが、どうしても敵機が近づいてきたときに発令される空襲警報のサイレンに聞こえてしまうのだった。たぶん一年近く、そんな錯覚に襲われていたような気がする。とはいえ私にとって戦争は、それまでは比較的のどかな情景と結びつくようなもので、その向こうにある現実に気付かされることなど皆無だったが、その悲惨で残酷な実態は、こうして埼玉で暮らす中で知ることとなった。

父の事務所が新橋にあった関係で、時々東京方面に連れていってもらった。そんな折、電車の中や町のいたるところで傷痍軍人に会ったし、上野では浮浪児も見たし、新橋の闇市も通りぬけた。そこには戦争でもたらされたさまざまな側面が、さまざまな形で露呈していた。だが日本が他国でなした加害者としての側面は、さらにあとで、おもむろに知ることになった。たとえば満州がえりの人たちが、「チャンコロ」とか「ロスケ」とか、中国人やロシア人をいかにも軽蔑的に話すのを聞いたこともある。だがここでは、次のことを書き記しておこう。

父の親戚で兵隊だった人が南洋から戻ってきて、おそらく昭和二十一年の秋ごろ、我が家に滞在したことがあった。その小父さんが戦地の思い出を語りながら、「坊や、日本刀は切れるんだぞ。胸に突き刺したら、相手が刀を握りしめたんだ。すると小指がポロリと切れて落ちたんだ」と話してくれた。幼い私は、へーと思っただけで、そんなに恐ろしいとも感じなかった。だがあとで、父と母が話しているのを聞いて分かったことは、あの小父さんが日本刀で刺した相手は占領地の女の人で、キリスト教の尼僧だったというのだ。どこか湖のようなところに誘い出し、ボートに乗せてからその中で乱暴し、それをばらされないように日本刀で胸を刺して殺したらしい。被害者は刺されたとき、刀を抜こうと刃を力いっぱい握りしめ、そこで小指が落ちたらしい。当時、話の内容が十分わかったわけではないが、子ども心にも、どんなに苦しかったのだろうと想像できた。あの小父さん、祖国に戻ってから、なぜ我が家でそのことを自慢げに告白したのか、現在の私にも了解不能だ。ただ父が「あいつもいいやつだったんだが、戦争は人を狂わすんだろうな」と母に言っているのを聞いたし、母が「あの人、二重に罪深いのよ。女の人を、それもイエス様に身を捧げた尼さんを汚した上に、人殺しまでしてしまって」と言うのも聞いた。そうした両親の言葉は明確に記憶している。さらにはあの小父さんが戦いのさ中、何発も敵の銃弾をあび、そのうちの一発はどうしても取り切れず、まだ後頭部に残っていると話したことも。

数年後小父さんは、その銃弾が原因で発狂し、座敷牢のようなところに押し込められて死んだという。その知らせが届いたとき母が、「罰が当たったのよ」とつぶやいたことも、また私自身、あの小父さんを少しも気の毒と思わなかったことも覚えている。たぶん小父さんは当然の報いを受けたのだと感じたからだろう。日本が行ったあの戦争を考えるとき、遠縁の小父さんのこの思い出は、何か重い澱《おり》のようなものとして、いまも記憶の底に淀んでいる。

春のはなびら

M子さま

このたびは御歌集『父の木霊』をお送りいただきまして、有難うございました。M子さんが、歌を作っていらっしゃるとは伺っておりましたが、どのような歌なのかはまったく知らずにおりましたので、このように、ご自身の深い感慨をこめられた歌集を拝読し、私自身思いめぐらすところがありました。

タイトルにこめられているように、「われの血と写真のほかはなにもなし」とおっしゃっているシベリアに散ったお父さま、ご自身の記憶の中にはないお父さまへの思いこそ中心テーマでしょうが、「ま新しき母の鼻緒が切れしといふ征く父送る朝靄のなか」に出てくるお母さまや、「わが保護者誰でありしか学校の調書はすべてみづから書きぬ」と歌っていらっしゃる、幼き日々の貴女御自身の種々の思いが、処々交錯して編み上げられた作品と受け止めました。

私個人としては、しかしながら、「帰らざる時すくふごと少女らは糸に連ねる春のはなびら」

に最も心惹かれました。まことに個人的なことですが、そのわけをお話しします。「少女ら」ではなく「少女」一人でしたら、私の思い出の情景そのものです。

私はいま住んでいる家に、昭和二十一年一月初め、まだ四歳八か月ぐらいのとき、迎えに来た父に伴われて疎開先の山梨から母とともに引っ越してきました。この家は戦争中に建てられ、仕事の関係上浦和を離れられなかった父一人で住んでいたはずでした。ところが驚いたことに姉がいたのです。母親の違う姉で、私より十一歳ほど年上、いまのお茶の水女子大（当時の東京女子高等師範）の付属女学校に通っていたはずです。恐らく一年たらずだったでしょう、私どもは一緒に暮らしました。

庭には古い桜の木があって、今年も花を一杯咲かせましたが、たぶんあれは昭和二十一年の春のこと、あの時もすでに古木となっており、満開の花を咲かせ散らせました。あたり一面花吹雪が舞い、地面は数知れぬはなびらで埋め尽くされたある日、姉ははなびらを一枚一枚拾いあげ、糸を通して花の首飾りを作り、私の首にかけてくれました。「春のはなびら」の思い出の情景です。

姉は、ご飯を食べるときにとても気取ってでしょうか、ほとんど口を開けずにかんでいたこと、やがて脊椎カリエスになって、私の母では面倒見られなくなったからなのかどうか、幼い私には何にも分かりませんでしたが、いつの日か家からいなくなったことしか覚えていません。

その後、何年に一度か、東京で父を交えて会ったことがあります。全部で五～六回だったでしょう。そしていまから三十年余り前、内縁の夫という人から突然姉の死が知らされました。父が死んで程ないころでした。

姉については、私は何も知りません。私と一緒に暮らしたわずかな期間にも、どんな思いでいたのか。ただ一度「私なんか生まれてこなければよかったんだ」と泣いていたことを覚えています。

M子さんの歌を読みながら、四十歳あまりで身罷った、恐らくそんなにも幸福ではなかっただろう姉のことが思い出されてなりませんでした。「帰らざる時」への鎮魂歌として、この歌集を大切にさせていただきます。

平成二十年春　K

この手紙を出して数日後、いつものように仕事帰りにバスに乗って空いていた席に坐っていると、一人の女子高生がひょいと後から飛び乗ってきて、私の目の前を通った。スカートから覗いていたその脚が白く、その白さが日本人にしては珍しいくらい際立っていて、私はふと以前どこかで同じようにまっ白な脚を見たことがあったと感じた。そうだ、姉の脚だ。姉は本当に色白

で、セーラー服からいつもまっ白な脚を覗かせていた。一瞬目の前を通り過ぎたその見知らぬ女子高生に、姉の、生身の姉の姿を見たような気がした。M子さんの歌を読んだ後でなかったら、けっしてそんな気分にはならなかったろう。ああ、色の白い女の子だなと思っただけだったろう。だがそのとき、何十年と忘れていた肉体としての姉の存在を間近に、まざまざと感じた。確かに身近で一緒に過ごした時間があったことは事実なのだが、日頃は、よしんばそれを思い出したとしても、ただ単に観念の中だけで思い出しているのであって、姉の体温や息づかいの気配といったものまで喚起しているわけではない。しかしこの時は、ほんの一瞬だったにせよ、姉の存在を、今ここに復活しているかのように実感した。

バスが動きだすと、とたんに現実が戻ってきて、姉は単なる遠い過去の人となった。するとまたいろいろのことが思い出された。姉と一緒に暮らしたあのころ、もう一人親戚の男の人が家に来ていた。父の遠縁にあたる博之という若者で、たぶん二十歳前後だったろう。私はお兄ちゃんと呼んでいたが、本当の兄ではなく単に親戚のお兄ちゃんなのだということぐらいは分かっていた。

博之さんが、どのくらいの期間家にいたのか、さっぱり覚えていない。頭をいつも〈てかてか〉にしていて、ということはポマードかなにかを十分塗りたくっていたのだろうか。終戦間際のあの当時ポマードなんてしゃれたものが果してあったのだろうか、私には分からないが、何しろとってもおしゃれなお兄ちゃんだと思っていた。鏡の前で、櫛で髪の毛を長いこと梳かしているのを、子どもだった私はじっと後ろからのぞきこんでいて、「坊や、じゃまだよ、さあさ、あっちへ行って」と、うるさがられたものだ。

博之さんは毎日仕事探しに（だと思う）出かけていたが、あの身だしなみは、外に出て、人と会うのに失礼にならないようにということだったのだろうか。それとも姉を意識してではなかったか、と、いまにして思う。「博之さん、正子ちゃんのこと、好きなんじゃない」と、ある日、母が父に言っていたことがあった。幼い私には何も感じとることはなかったのだが、姉のあのまっ白な脚だけでも、男心を引くものがあったかもしれない。私は母の言葉から、お兄ちゃんとお姉ちゃんは結婚するんだと思った。結婚がどういうことか、愛するとはどういうことか、何も知らないまま。そう、姉の歳からして、二人がお互いどんなふうに感じあっていたかにかかわりなく、結婚なんかできるはずもなかったのに。ただ母が、なさぬなかの子にせよ、姉に万一過ちがあってはならないと考えて、警戒していたことは確かだったのだろう。むしろ父のほうが、そういうことには無頓着で、呑気に構えていたことは間違いない。

母にいわせると、姉も父の子だからね、いやあの子のお母さんの子だからね、ということなのだが、あまりにも当たり前の事実をなぜ問題にするのか、当時はもちろん、かなり後になってからでも私には了解不能だった。それがどんな意味なのか分かったのはずっとあとになってからだ。

これまたずいぶん後になってから知ったことだが、私の父母は、母が初婚だったのにたいし、父のほうは再婚だった。姉はしかし父の最初の妻の娘ではなかった。父の先妻は千鶴さんというかただった。かなり良い家柄の出で、いかにも深窓のお嬢さんといった人柄だったとか、その他もろもろは、父の親戚のものとか、私の母とか、母の兄とかから聞いたような気がする。子どもから見て、自分の両親がどんなきっかけで知り合い、結婚することになったのかなど、本来知るよしもないことだし、知ってどうということもない話だ。ただ母の兄と父とがもともと知り合いだったというから、たぶんそれで父と母は結婚することになったのだろうし、父の先妻のことを私が母方から聞くこともできたのだろう。父自身はいっさい私に話したことはなかったが、それは当然だ。息子に話すべきようなことではないだろう。

我が家にあった父の古いアルバムに、かなり立派なお屋敷のようなところで撮った写真が一葉あって、いかにもきちんと作られたといった感じのする広い和室の中央に布団が敷かれていて、そこにひとりの女の人が横になっていて、こちら側を向いているのだった。そしてそのひとの足許に、父がきちんと正座してすわっていた。これが千鶴さんの写真なんだと、いつからか知ったのだ。千鶴さんは長いこと脊椎カリエスを患っていて、結局はそれでなくなったらしい。父がどんなに看病に献身していたのか、していなかったのか、詳しいいきさつなぞ知るよしもない。そもそも父が千鶴さんといかなるきっかけで知り合い、結婚したのか、本当に愛し合っていたのか、当然ながら私の生まれるはるか前のことだし、何一つ定かではない。ただ父が一生懸命、千鶴さんの世話をしていたという話は誰かから聞いたような気がする。しかし結局のところ、父は千鶴さんを裏切ったのだ。

姉の母は、昭和の初めの女性としては、かなり高い教育を受けた人のようだった。そして外交官だったろうか、海外にしばしば出かけることのあった男性と結婚したのだが、その男性が、あるとき三年あまり、どこか遠いところに出張していったらしい。その間、父と知りあい、不倫関係におちいり、そして姉が生まれたというのだ。姉の母の夫は、日本に戻ってきてからこの事実を知る。戦前のことだから文句なしに離婚できただろうが、家名のため、離縁はしないと宣したという。その後どんなことがあったのか、姉はどんな境遇で育てられたのか、いっさい私には分からない。

ただ千鶴さんは怒い狂い、そんな女も、そんな娘も呪ってやると騒いだという。しかし病身の身、ただひたすら布団の中でもだえ苦しむような日々を送っただろう。父は、娘を認知したあと、それは懸命に千鶴さんの世話をしていたという話だ。たぶん贖罪の思いもこめてだろう。しかし看病のかいなく、その後何年かして千鶴さんは亡くなった。

姉の母とは再婚できない運命だったし、父はどういうきっかけからか、私の母と再婚、私が生まれたというわけだ。姉は物心がついていただろうから、その間のいきさつを少しは分かっただろうし、どれほどかショックを受け、暗い悲しい気持ちになったこともあるのではないだろうかと推測するが、しかしじっさいのところどんな幼年時代を送ってきたのか、私は知らない。一緒に暮らしていたあの時期より以前の姉の話は、誰からも聴いたことがないからだ。ただ人々は、姉が通っているのはすごく良い学校で、しかも姉は成績抜群で、「坊やもお姉さんのようにならなければね」と言うのだったが、その言葉の意味するところも当時の私には理解できなかった。

ところで博之さんだが、引っ越してきて初めて会った人が、姉と博之さんだったから、きわめて印象深く記憶されているし、五歳にも満たなかった当時の私にとっては、一日一日が果てしもなく長く感じられたから、ずいぶんと長いことといたような気がするのだが、家にいたのは、ほんの一時期、もしかしたら一か月ぐらいだったかもしれない。というのも、一緒にご飯を食べたという記憶がぜんぜんないのだ。父と母と姉と私と四人で、いつも丸いちゃぶ台を囲んでご飯を食べていた。姉は父のことをパパと呼んで、「ねえ、パパ」と精一杯甘えた声で話しかけるのだった。母にはママと呼びかけていた。私のほうは、「お父ちゃん、お母ちゃん」だったから、姉のそうした言い方が、なんというか、とってもしゃれたモダンな素敵なものに思えて、子ども心に感心していたのだった。

博之さんは、もしかしたら当時としては珍しく写真機を持っていたのではないかと思う。というのも、姉が私を写してくれた写真が何枚か残っていて、そこには着られるだけの服を着て、坊主頭で意気揚々と敬礼している私がいる。「坊や、ホラそこに立って」と言われて、廊下の端、外光の当たる辺りや、庭の中央部、木の陰にならない辺で、身動きしないよう緊張して敬礼していたことはよく覚えている。写してくれたのが姉だったことも鮮明に記憶にある。

私は戦争中、大人たちに「坊や、大きくなったら、なんになりたい？」と聞かれるたび、いかにも自慢げに「兵隊さん、大将だ」と答えていたものだ。戦争はもうおわったというのに、当時も私は兵隊さんにあこがれたまま、何か身構えると、すぐに敬礼するのを習いとしていた。このときの写真だが、着膨れ姿から推測するに、寒い時期、一月か二月に撮ったものだろう。その後我が家からは写真といえるものはいっさい姿を消してしまい、次に私の姿が写っているのは、小学校入学時の集合写真になる。だからあの写真が撮られてからほどなく、我が家からは写真機といえるものはなくなったと思う。姉とは、冬がすぎてからも、あの桜咲く春、そして夏、秋とともに過ごしたのだから、もしあのとき私を写した写真機が我が家のものだったら、他の季節にも私にせよ他の誰かにせよ写真が残されたはずだろう。だが、そうしたものはいっさいない。だからあの冬とともに、我が家から、写真機は消えてしまったに違いない。

それゆえ我が家に写真機はなく、博之さんが持っていたものをたまたま姉が借りて、私を写し、東京のどこかで焼き付けてもらったのだと考えると理解しやすい。そして博之さんも春の来る前に我が家から去っていったと。

記憶というのは不思議なもので、ある場面なり情景なりは色鮮やかに覚えているのに、それがいつのことか、どこのことか、誰と一緒だったかといったことは完全に欠落している。何らかの行動なり動作なり情感なり、いずれにせよ体と心の動きだけが記憶の中に刻み込まれ、そうした動きがいつ、どこで、どういう情況で生じたのかというその背景は、いっさい抜け落ちている。私は、どこかで、いつだったか、誰かと、お手玉や綾取りやおはじきといった女の子の遊びを、結構やっていたことがあったと記憶している。とりわけ綾取りは、糸が白か赤で、両手の人差し指と親指にそれをひっかけると橋やその他さまざまな形ができあがり、相手がそれをやはり両手でひっかけて取ってゆくと、思いもかけない別の形が一瞬にして生じる。それらは幼い私にとって目のくらむような、奇蹟のような出来事であって、驚くべき遊び、間違いなく一人ではできない遊びだった。一体誰とそんな女の子の遊びをしたのか。たぶん姉とだったのだ。弟を楽しませようとかなりの期間そんな遊びをくりかえしてくれていたのだろう。その後、どんな女の子とであれ、そんなに長く過ごしたことなど一度もなかったのだから。

父が我が家の庭に花壇をつくったことがあった。それがいつのことだったかも思い出せないが、たった一回つくっただけだったから、姉のいた年、昭和二十一年の初春ではなかったろうか。我が家はあわせて七部屋ある、かなり広い家だったが、本来はもう一部屋あるはずだったという。戦争がひどくなり、大工の棟梁さんが戦争に召集され、次の棟梁さんも召集され、やっと三番目の棟梁さんのときに完成したのだそうだ。結局設計図から一部屋ぶんけずることになったという。そこでその部屋の屋根に載せる予定だったかわらが、庭の片隅にいっぱい積み上げられていた。父はそのかわらを土の中に一つ一つ並べて植えこみ、およそ直径二メートルほどの円形の花壇をつくった。

もちろんその円の中の土を掘り返し、そこにどこで手に入れたのか、たくさんの球根を埋め込み、何種類もの種を蒔いた。私もシャベルで土に穴を掘り球根を植えるのを手伝った。他にも同じような手伝いをしていたものがいた気がするが、母だったのか姉だったのかまったく記憶にない。ただ、姉がいなくなってから、父がそんなにも花づくりに打ち込むことがありえたろうかと思う。あれはきっと何よりも娘を喜ばせようとして、父がしたことではなかったろうか。

父はまた裏庭の土を掘り返して、ジャガイモをつくろうとした。種芋を二つないし三つに切り分け、その切り口に灰をまぶして土の中に埋め込んでゆく。私は泥んこ遊びが大好きだったから、喜んでその手伝いをしようとしたが、恐らくは足手まといになっただけだったろう。このジャガイモづくりは、あの年一年だけではなく、その後何年間か続けられていたはずだが、たった一年しか植えなかったトマトときゅうりと茄子のほうは、あの夏のことだったと推測できる。というのも、やはり父の親戚、父の母方の従兄弟だった康彦さんがインドネシアから帰ってきて、我が家に数か月住んでいたのが間違いなくあの年で、恐らく三十歳をちょっと回っていた康彦さんを、私がお兄ちゃんと呼んでいたのは姉がお兄様と呼んだからであって、そうでなければ五歳の私から見て、康彦さんは小父さんとしか思えなかったはずだし、その康彦さんから、私は、姉に似てかなり色が白かったせいだろう、裏庭のトマトやきゅうりを毎日勝手にもいで食べ、ついに下痢を起こしてしまったとき、「ホワイトぴーどん」というあだ名を付けられてしまった。つまり姉と康彦さんがいたとき以外、裏庭でトマトやきゅうりが栽培されたことはなかったはずだということになる。

父がそうした野菜づくりに励んだのは、当時の食糧事情から見て、食べるものを少しでも確保するためだったろうが、あの時の私には、もっぱら子どもたちを喜ばせようと、やってくれているとしか思えなかった。康彦さんも、じつにいろいろの話をして、私たちを喜ばせてくれた。戦前はインドネシアのジャカルタで商売をしていて、かなり豊かに暮らしていたらしい。かの地は、太陽がいつもきらめいていて、一年中夏みたいに暑いのだが、毎日午後きまってスコールがやってきて、激しい雨を降らせ、あっという間にそれが去ると、さわやかな涼しさが戻ってくる。甘美な夕暮れ。星の美しさ。原色の花々。夢のような美しい風景。康彦さんの話を聞いていると、いつも楽しかった。

ところが戦争が始まり、日本軍が進駐してきて康彦さんは現地で召集された。と、歳もかなりいっていたし、体も比較的大きかったものだから、ことあるごとに先輩の兵士たちからいじめられるようになった。康彦さんの右耳は醜くつぶれていたが、それも上等兵になぐられてそうなったのだという。もちろん鼓膜もやぶれてしまい、片方の耳は聞こえなくなっていた。なにかのときには、罰として逆立ちを長いことさせられ、倒れ掛かると蹴飛ばされ、挙句の果てに、長靴を口にくわえて逆立ちを続けろと言われ、しかも長靴の中に水をたっぷり注入され、その重い靴をくわえて逆立ちしていろと命じられ、それができなくなって倒れると、またも蹴られたり踏んづけられたりして、ついに気を失ったら水を顔にかけられて起こされたという。そんな、いうなれば拷問のようなことがなぜ加えられたのか、ついに康彦さん自身には分からずじまいだった。旧日本軍のそうした蛮行を聞かされ、幼いながら私は、兵隊さんになるのはやめようと思った。

康彦さんがいたあの年の夏だったろう、花壇の花が咲いた。ホウセンカ、グラジオラス、松葉ボタン、ダリア、カンナ。それから夏の少し前、黄色い菖蒲の花も咲いた。その後あの花壇には新しい花を植えることもなく、やがて何年かしたら、ただ菖蒲だけが勢いよく花開くだけになってしまった。

私の中に断片的に残っているそうした思い出の場面は、本当のところ、いつのことだったか定かではないのだが、あるとき母がお釜で炊いた炊き立てのご飯を、台所に忍び込んだ泥棒にそっくり盗まれてしまったことがあった。近所の人が、我が家の塀の角から、湯気のたつ風呂敷包みを背負って立ち去っていく男を見たと話してくれたから、それがご飯泥棒だったのだろう。釜をひっくり返し、持ってきた風呂敷を拡げて、中身をそこに出し、丸ごと包んで持ち去ったのだ。母の話だとかなりの量を炊いたという。当時のことだから、たぶん米の中に押し麦かサツマイモをまぜていただろう。我が家の食事はたいていそんなものだった。それでも山梨の母の郷里から、しばしば米が運ばれてきていたから、我が家の食事は当時としてはかなり良いほうだったらしい。いずれにせよ母がたくさん炊いたというのだから、姉はもちろん康彦さんもいたころの出来事ではないだろうか。

夏の夜は、蚊がいっぱいいたから、かならず蚊帳をつって寝ていたが、八畳間にいくつか布団を並べて蚊帳をつると、蚊帳の中にかなり大きな空間ができて、寝る前の私は嬉しくてたまらなかった。寝巻き姿になってからだろうか、布団の上を走り回り、でんぐり返しをくりかえしやって、いつまでも寝ないことがあった。「おい、坊ず、寝なきゃだめだぞ」と父にどなられたのを覚えている。父だけは私のことを「坊ず」と呼んでいた。あんなに何枚も布団を敷いていたのは、きっと姉もいたときのことだったろう。

あの夏の始まるころに間違いない、けっして忘れない光景を見た。我が家の庭で、ただ一回だけ見られた光景だ。おそらく私が我が家にやって来て最初の夏、昭和二十一年のことに違いない。蛍が飛んだのだ。庭の植木の合間を、雑草のあわいあわいを。庭には草がかなり生えていたが、中でも露草、青い愛らしいちいさな花をつける露草の群生しているあたりを二〜三匹が、ふわふわと揺らめくように音もなく飛んでいたのだ。あたりはもう真っ暗になっていたから、昼間の記憶で露草のあたりと思ったのだと思う。当時の夜は本当に暗かった。今ほど家もなかったし、街灯などというものはまったくなかったし、それよりも何よりも、一晩おきに停電になっていたのだ。今日は停電の日だからね、早くご飯を食べて早く寝ましょうと、一日おきに言われたものだ。終戦直後で、極端に電力事情がわるかったためだろう。でも私などは、そういうものだと思い込んでいたから、何の不便もなかった。大人たちがどれほど大変だったか、思いいたることなどちっともなかった。それが子どもというものだろう。毎晩毎晩、なぜか楽しかったものだ。

あの蛍の晩は、停電の日だったろうか。あたりは真っ暗でも、満天の星空だったろうか。地上も何となくほの明るい光に満ちていて、そこをか細い蛍の光がすーっと横切っていったような気もする。庭の植え込みも生い茂る草草も確かに見えたような気もする。蛍は、だがあっという間に消えて、庭に出て追いかけたはずなのに、ついに見出すことができなかった。蛍はどこに行ってしまったのだろう。どこからか庭の中に迷い込んできて、そして本来の住処へと戻ってしまったのか。本来の住処などどこにもなく、ただ彷徨っていただけなのか。ほのかな光を私の網膜上に残して、蛍は永遠に消えてしまった。一生で、ただ一夜、それもわずか数十秒、自分のまぢか、手の届くようなところ、我が家の庭先で見た蛍だ。まるで夢のようでいて、絶対に夢ではない事実なのに、それを確認するすべは、もうなにもない。その後二度と我が家で蛍を見ることはなかった。

あのとき間違いなく姉もいたはずだった。姉も蛍を見たのだろうか。今になってもこれほど鮮やかに覚えている出来事を、私一人で見たのだろうか。ただはっきりと記憶しているのは、あのころ地上の夜は本当に暗く、星や月はじつに明るかったことだ。家の南側にあった廊下から、よく月を見上げていた。まん前に背の高い赤松の木があって、東側に、ということは南のほうを見ている者からは左手のほうにだが、長い枝が一本伸びていた。月がその辺りに来ると黒々としたシルエットができ、その枝で数日前に起きた蛇の渡りを思い出したのだった。何日か前の昼下がりだったと思う、松のその枝に一匹の蛇がぶら下がっていた。その蛇は振り子のように何度か体を揺すると、そのとき日光がぬめりとした白っぽい膚にキラリとひらめき、蛇はひょいと隣りの木に、それも確か同じ松で、ただし背の低い五葉松だったが、そちらのほうに体を振り上げ、ひと枝の先端に一瞬にして頭の付近を巻きつけ、体のほうまでしだいに枝に絡ませ、ゆっくりとくねりながらおもむろに全身を移していって、ついに渡りきってしまったのだ。二つの松の間は、およそ一メートル半ほど離れていた。じっと見ていたら、蛇は五葉松の幹を下って地上に下りどこかに姿を消してしまったから、なんで赤松自体の幹を下っていかず、あんな面倒くさい枝渡りなどしたのか分からない。あれはかなり大きな蛇だったから、あのころよく見かけた青大将の古顔だったのだろう。

月明かりであの赤松の枝を眺めながら、先日見たその情景を私は拙い物言いで誰かにどうにか伝えようとしていた。それはたぶん当時としては珍しかった紅茶を、砂糖がなかったからサッカリンを入れて母が作り、それをヤカンに入れ、そのヤカンを井戸水で冷やしてから出してくれたのを、何て甘くておいしいものかと思いながら飲んでいたときのことだったろう。あのとき父はいなかったと思うし、姉や私のためだけに、当時では貴重品だった紅茶を母が出すはずもないから、あのとき私が話していた相手は、恐らく康彦さんだったのだろう。康彦さんは父のことを兄さん、母のことを姉さんと呼んでいて、すっかり家の者になりきっているところがあり、ご飯も一緒に食べていたし、博之さんよりもずっと打ち解けていた。母もきっと康彦さんには紅茶を奮発したのだ。

少し前の昼、蛇の枝渡りを見たのも私一人ではなかったと思う。見てごらん、見てごらんと大騒ぎして、誰かと一緒に見ていた記憶がある。それが誰だったかさっぱり覚えていないが、夜、話した相手は康彦さんだったような気がするから、昼間一緒に見たのは、母か姉だったはずだ。康彦さんも父と一緒に毎朝、出かけることになっていた。東京に仕事探しにだったろうが、結局は良い仕事が見つからず、郷里に戻って農業をやることにしたというが、私がそういうことを知ったのはずっと後であって、博之さんと同じように、康彦さんもある日、突然いなくなった。もしかしたらあの月夜の場面は、康彦さんが我が家を立ち去る直前のことだったかもしれない。というのも、どうしても紅茶にこだわるからだ。少なくとも私にとっては生まれて初めて飲んだものだし、なにか特別な日だったから、母が出したのではなかろうか。あれが冷やし紅茶だったということ、月がとてもきれいだったということ等々を考えると、九月のまだ残暑の厳しいころだったかもしれない。

康彦さんは初夏に来て、秋が訪れる直前に去って行ったのではないだろうか。再び我が家は、時おり訪れる親戚縁者はいたにせよ、原則四人の家族だけの暮らしに戻った。庭には秋の草が生い茂り、虫たちがほっそりとした華麗な鳴き声をあちこちであげるようになった。動物の声といえば、家の西側にあった森で毎晩のようにフクロウの声を聞いたこともある。セミたちもいたるところで声を張り上げる季節もあった。とくに初夏の夜だったろう、遠くの田んぼの辺から蛙たちの合唱が届いて、それが時おり部屋の天井に跳ね返ってくるぐらい大きく騒がしく聞こえたこともある。夜はいまよりもはるかに人工的な音が少なかった。人工的な音といえば、かなたから、ほんの時たま電車の通ってゆく音が風に乗って聞こえることがあった。自動車などほとんど見かけることもない時代だった。

秋、木枯らしが吹いて、家の北側に立っていた大きなケヤキから、枯葉が連日雨のように降り注いで庭が埋め尽くされるようなとき、とつぜん姉が体調を崩した。

父は仕事があったからだろう、母が姉を連れて東京の病院まで何度か出かけていった。おそらく三度や四度は行ったはずだ。まだ乗用車など近所中どこにもなかったころだから、具合の悪い姉も歩いて駅まで行ったのだろう。いつもは学校に行くのに往復していた国道も、そう、いまでも覚えているが、当時はまだ舗装されておらず砂利が敷き詰めてあるだけだったし、もよりの駅も家に近い方面には出入り口がなく、踏み切りをわたって反対側に出なければならなかった。通いなれた道とはいえ、病院に行くためにそこを歩いて行ったとき、どんな気持ちだったろうかといまにして思う。二回目か三回目の診察で、姉は脊椎カリエスになっているということが分かった。母が父にそのことを伝えたとき、父の顔色が一変した。何となくにせよ、その場面の記憶はある。父は血相を変えて何かつぶやいたと思う。姉が「私なんか生まれてこなければよかったんだ」と言いながらなきじゃくっていたのは、たぶんあの時だった。私は当時千鶴さんのことも知らず、姉の出生の秘密も知らなかったのだから、なぜ父や姉がそんな様子になってしまったのかすこしも理解できなかったし、ただおろおろしていただけだったろう。

母がなにかを言って慰めていたのかどうかも覚えていない。少なくともその場にいた私には訳が分からず、どうしようもなく、ただ父や姉を見守りながらびっくりしていただけだったろう。

母の言葉で覚えているのは、何回目かの病院通いから戻ってきたとき、姉がギブスをしたという話をしながら、若い女の子が上半身裸にさせられて、何人もの男のお医者様に取り囲まれて、ギブスを胴体に巻かれていく様子を見ていて、正子ちゃんが本当にかわいそうだったと言っていたことだ。私は姉が裸にさせられて、とっても寒かったろうなと思った。

その後姉がどんなふうに毎日を過ごしていたのか、さっぱり思い出せない。私にはそのころ同年齢か、あるいは二、三歳年上の遊び友達が近所に何人もいて、朝から晩まで家の近くで遊びまわっていた。家の南側の草原に穴がほられていて、戦争中に作られた防空壕のあとだったが、その穴がまだかなり大きく口を開いていたから、中のほうがどんな様子か見てみたくてしかたなかった。あるとき思い切って四～五人の仲間と調べることにして、年長の誰かを先頭にもぐりこんでいった。大冒険をするような気分だった。入り口から二～三メートルいったところで、もう穴はふさがれていて、ろうそくも持たないまま入って、突き当たりの土の壁まで調べられたくらいだった。冒険は不発だったわけだが、しかし中に入るときのドキドキ感は相当だったはずだ。防空壕といえば、疎開先で空襲にあい、母の背におんぶされて飛び込んだとき、近くに落ちた焼夷弾で壕の一番奥までまっ赤に照らし出されてほんとうに恐かったのを、当時はまだまだ鮮明に記憶していた。

近くの森では、戦争ごっこをやった。これには近所の活発な女の子も加わり、私よりも年上だったから、しょっちゅう命令されていたものだ。誰かに追い回され、必死に逃げて、二メートルほどの高さがあった崖のところにまで追いつめられ、思い切って飛び降りたら、下が畑になっていて、そこに肥料として人糞が撒かれていて、片足をそこにつっ込んでしまい、悪臭まみれになって家に戻り、庭にあった井戸で必死に足を洗ったことがあった。あれは一体いつのことだったろう。野菜を作っていた畑だったから、姉が具合悪くなる秋より前のことだったのか、それとも翌年のことだったのか。

たぶん姉は学校を休んで、家で寝ていることが多くなっただろう。ある日母が、姉の学友の何とかさんが家まで見舞いに来てくださったが、さすが良い学校のお嬢さんだけあって、とても清楚で綺麗なかただったと父に話していたことがあった。だが私はそのひとの影さえ見た覚えがないから、おそらく友達とどこかで遊びまわっていて、家を離れていたときの訪問だったのだろう。

そしていつのことだったか、年の瀬が近づいてきたころのことだったか、母が血相を変えて、姉になにか迫っているような様子を見せたことがある。

たぶん母の知らないときに誰かが家まで訪ねてきて、姉がそっと抜け出し、その人と大事な話をしてきたところだったらしい。「お母さんなんでしょう」と母は詰問していたように思う。あとになって推測してみると、姉の実母がひそかにやってきたらしいのだ。「ママにだって関係することなのよ。あんたたちだけで勝手にきめてもらっては困るのよ」と母は言っていたような気がする。その時は、私には何がなんだかすこしも分からなかったし、そして姉が言い出したのか、姉の実母のほうが言い出したのか、いまもって分からないのだが、そのどちらにせよ父と相談のうえであるのは間違いなく、姉は実母のところで療養することにしたのだ。私の母はいっさい蚊帳の外に置かれていて、そのときまで何も知らされていなかった。だからあんなに怒ったのだ。たぶん母が怒ったあの日、引越しの具体的やり方を、姉は実母との間で行ったのだろう。だから姉が我が家からいなくなったのは、あの日の少し後ということになる。ただ私の記憶の中には、姉が荷物をもって家を出ていった情景は、ほんのひとかけらも残っていない。やはり友達と遊びまわっていた昼のさ中に、姉は行ってしまったのだろう。そして二度と戻ってこなかった。

あのころの私はとても好奇心の強い子だったから、姉がどこへ行ったの、今どうしているのといったことをくり返し尋ねたはずだ。そして父や母からそれなりに納得できる答えをもらっただろう。が、そうしたことに関してもなに一つ覚えていない。いずれにせよ姉がいないことが、だんだん気にならなくなっていった。毎日遊ぶのにいそがしかったからだ。そしてしだいに姉の存在自身を、ひごろ気にするようなこともなくなった。簡単に言えば、通常は忘れているようになった。もちろん時々は思い出して、いまどうしているかななどと考えただろうが、やがてそうしたこともまれになった。

姉は、しかしながらいくつもの品々を残していった。教科書、地図帳、文房具類その他だ。私はまだほとんど字が読めなかったから、それらの中ではとくに地図帳をよく眺めた。日本がまっ赤に色づけられていて、朝鮮半島と台湾も同じ赤、そして中国の東北部（満州）が、ややそれより薄い赤で塗られた世界地図だった。日本のみならず朝鮮の主な町の市街図も入っている、かなり詳細なものであった。教科書のほうにもペン画によるさまざまな挿絵が入っていた。町の光景があったのは、たぶん地理の教科書、花や魚の絵があったのは生物のそれ。そのほかに国語や幾何の教科書もあったのだろうが、その中身はまったく分からなかったし、興味を引くような挿絵もなかったから、すっかり忘れてしまった。地理と生物の本だけは絵を楽しんでいた。

その後、小学校にあがり字もしだいに読めるようになってからは、姉の使っていた古い教科書に関心を持つことはなくなり、そのかわり姉が読んでいた本のほうに目が移った。『イタリア民話集』、『オランダ民話集』という二冊だ。奇想天外な超自然的な出来事がいろいろ記されてあり、ある年代のころ夢中になって読んだ。確かグリフォンとかいう肩口に羽の生えた怪獣の話は、イタリアの話のほうにあったのだろうか。姉が去ってから何年経ってその話を読んだのかも覚えていない。ただ姉のものだったと意識することもなく、数百ページにおよぶそれらの本に取り組んだのを覚えている。しかし吉屋信子の『花物語』は、姉の本だということを終始認識して紐解いていたが、あまりに感傷的な女の子の話ばかりで、読んだそのころには少しも興味がもてなかった。その他姉の名前が書いてある竹製の定規もあったし、何冊かのノート類もあった。それらは、やがて散り散りになり、どこかに消えてしまった。本類だけはずいぶんと後まであったが、それらを見て姉のものだと意識することも、しだいになくなっていった。

ただ姉の描いた絵が一枚、額縁に入って、食堂にしていた部屋の壁にかけてあり、それを見ては正子姉さんの絵だといつも認識していたことは確かだ。テーブルの上に角ばった灰色の花瓶があり、そこに色とりどりの花が入れられている。葉っぱも一緒にいけられていて、バックには沈んだ青色のカーテンがある。テーブルの暗い茶色と花瓶の地味な色と、緑の葉と色鮮やかな白、黄、紫、橙、赤の花々とのコントラストが美しかった。姉が何年生の時に描いたのか分からない絵なのだが、私が来たときにはすでに飾られていたから、今で言う中学校の一、二年生ごろまでに描いたのは間違いないから、その年齢の割にはとても上手だったと思う。この絵だけが、いつの間にか姉の唯一の痕跡のようになってしまった。自分に姉がいるということは忘れなかったが、姉のことを思い出すこともなくなった。

しかしながら春になって、あの桜の木の枝々に花がちらほらとつき始めるころ、きまって思い出したものだ。あの日のことを。あの日、姉は「坊や、おいで」と言って、糸をつけた針を片手に、玄関から飛び出していった。私も履物を足に引っかけ庭の奥へと走っていった。モチやモッコクや、さまざまな植え込みの先に、大きな桜の木が四方八方に枝を広げていた。あの日、空は真っ青に晴れて、見上げるとその青をバックに白っぽい薄紅色の花々が枝枝いっぱいに輝いていた。そのはなびらの幾つかが、風もないのに次々に舞い落ちてくる。地面には、もう落ちてしまったはなびらがあって、木の真下近くでは、まるではなびらのじゅうたんのように厚く重なり合っていた。姉はその付近で身をかがめると、落ちてきたばかりのま新しいはなびらを針の先でひょいと拾い上げ、素早く糸に通していった。ひょいひょいとおなじ動作を繰り返し、一つ一つ連ねていってやがてはなびらの花輪を完成する。そばにしゃがみこんで私は魅せられたように見入っていた、その素早い手つきを、あのまっ白な姉の手つきを。そしてできあがった花輪を私の首にかけて、にっこりとほほえみながら姉は言った、「坊や、可愛いわよ」。

追伸

M子さま

貴女の歌に触発されて、姉との思い出を綴ってみました。すっかり忘れていた細部が、いくつかよみがえってきて自分でも驚いています。

あの当時余りにも幼かった私には、まったく理解できなかったこと、たとえばあのころの姉の気持ちも少しは分かったような気がしました。

私どもの父は、ここで回想した時代にはすでに五十歳になっており、おまけに海軍の下請工場の経営にたずさわっていましたから、召集されることもありませんでした。もちろん戦場で死ぬこともありませんでした。その点で私どもは、貴女よりもずっと幸せだったといえます。しかし姉のほうはどうだったのだろうと、今回、初めて考えました。実の父も母もいながら、三人そろって、平凡ながら幸せな家庭で暮らしたことがあったのでしょうか。自らの責任ではない運命からもたされたとしか思えない病を背負わされたとき、どんなにおののき、暗い悲しい世界に突き落とされたことでしょう。

そんな姉のことを私はまったく理解することもできず、ほとんど忘れたままで過ごしていました。長じてから、たまさかに会うことがあっても、まるでむかし知っていた知り合いの女性に会うくらいの気持ちでいました。「Kさん元気」と姉はきまって声をかけてくれましたが、私のほうは美しい和装に身を包んだ大人の女性を見て、いつもどぎまぎしていたものです。「姉さんも元気」と尋ね返すのがやっとで、それ以上深い話をしたことは一度もありませんでした。

そうなのです。本心を打ち明けあって話すこともないまま、姉はこの世を去りました。その時からでも何年たっているでしょう。でも、そうしたことも日頃はほとんど忘れていました。

時間の流れの中で、記憶のかけらは次々と散ってゆきます。春の日に舞い落ちるはなびらのように、それらは地面に降って横たわり、しだいに茶色に朽ち、やがて土に返り、永久にその形を失うでしょう。ただ針ですくい上げたはなびらだけが、いましばらくその姿をとどめるのです。帰らざる時のかなたからこうして戻ってきた片々たる思い出の名残りは、あのとき一五～六歳の少女だった姉が拾い上げた、あの春のはなびらに他なりません。あとは、記憶の糸に連ね直すことだけが残されました。今回、そのような機会をくださった貴女に、貴女の歌に、心から感謝申し上げます。

K

子どもの情景

確か昭和二十二（一九四七）年、私が六歳だった年のあまり暑くない時期、我が家の近くで殺人事件が起きた。殺されたのは年老いた乞食、殺したのは兵隊帰りの若者だった。

当時、我が家付近は半農村地帯で、家の南隣にはお寺があり、西側にはその寺の森がうっそうと茂っていて、東側には幅五十メートルほどの畑、その先のほうの北側、ということは我が家から見て東北東側にかなり大きな工場があり、その反対側、つまり畑のさらに先の東側に工場の社宅が軒を並べていた。また道を挟んで我が家北側にも畑がひろがり、その畑の二百メートルほど先には、木々に囲まれた何軒かの農家が点在していた。畑のほとんどは冬から初夏にかけては麦畑に、麦の収穫が終わってからはサツマイモ畑になり、そうした作付けのあいまにサトイモや菜っ葉類その他の野菜が植えられた。また家の北側の小道は、家の西隣の森のあたりから切通しの道になって、ゆったりとした下りとなり、そこを降りてゆく途中で左右に畑が広がり、下り終わって平らになると一面の田圃《たんぼ》に変わった。広々とした田圃の中を二本の小川が北から南へと流れ、田圃が果てた向こうは再び丘陵地帯となり、坂道をあがり切ると、広い庭の藁《わら》ぶき家と森と畑という完璧な農村地帯だった。そのはるか彼方、西方の地平線には秩父の山々、さらにその南方に富士山が見えた。

そうしたのんびりした田園光景の中、ある夜、我が家の北側二百メートルほどにある、とある農家にドロボーが入ったのだ。入られたのは庭先に掘られていた室《むろ》の中、狙われたのは収めてあったサツマイモ。異様な物音に気付いたその家の若者が起きて行って、ドロボーを見つけ、逃げようとする相手の頭めがけて、携えていった斧をふるい降ろしたらしい。ドロボーは頭から血を流しながら逃げていった。若者は、重い斧を捨て、さらに、傍にあったピッケルのような先のとがったものを手に取り直して追いかけ、相手の背中をなんどか突き立て、とうとう追い払うのに成功した。室にあったサツマイモには被害はなかったらしい。あとから聞いた話によると、そんな情景が想像できる。

ドロボーは、おそらく月も出ていた夜だっただろう、何一つ成果もないまま命からがら這うようにして夜道を逃げ、我が家の西にあったお寺の森にたどり着き、そこに横たわって身を隠したらしい。そこまでは追い手が来ないことにほっとしていたのではないか。だが途中の畑には、おそらく転々と血の塊が落ちていたはず。爺さんは頭と胸から相当の血を失っていったという。しだいに薄れゆく意識の中で、いったい何を思っただろう。真夜中「水、水」とうめいている声を、私の母は聴いたような気がすると言った。いまから思うと、瀕死の爺さんにそんな大きな声が出せたはずもないから、母の錯覚だったに違いない。いずれにせよ翌朝、森の中で血だらけになっている老人の死体が見つかった。我が家にも時々ものをもらいに来ていた乞食の爺さんだった。その爺さんが、農家にサツマイモを盗みに入って殺されたというわけだ。

翌日だった。切通しの道を挟んで森の北隣にある畑の中で（たぶん作物がその時は作られていなかったのだろう）、司法解剖が行われた。警官たちがやってきて、畑の中央に戸板を敷き（おそらく四方の角に木製のミカンの空箱かなにかを置いて、その上に板を並べて臨時の台のようなものを作り）、周りを幕で囲い、そして警察医をよんで、その戸板の上で、死体の解剖が行われたのだ。天気の良い風もない穏やかな日で、結構暖かかった記憶がある。私たち子どもは、五歳から七歳ぐらいまでの連中で、いつも五～六人が群れをなして遊んでいたが、解剖の様子を外から見られないよう周りを何枚もの幕で覆っているその幕と幕のあいだに、代わる代わる頭を突っ込んでは中を覗き見ていた。驚嘆したのか誰一人何も言わずじっと見つめてから首を出し、次の者と交替する。私の番がやってきて顔を突っ込むと、死体の周りに何人かいて覗き込むようにしているのが見えた。一人が横に移動した時、死んだ爺さんの頭がい骨が押し開かれ、中から脳みそが溢れ出ていて、絵で見た通りの黄色い塊なのが見えた。血まみれの死体かと思っていたのに、血のような赤いものはほとんど見えなかった。また別の人が横に動くと、今度は戸板の上に取り出されていた小腸らしいものが、うっすらとピンク色がかった黄色に見えた。そこにも血らしき赤はなく、なぜだろう、お医者さんが血を拭きとったのかなと訝しがっていたら、「駄目だ、駄目だ」と突然幕の中からどなられ、「そんなもの見るんじゃない」と近くにいた大人たちからも叱られ、あわてて顔を幕の外に出し、仲間の子どもたちと一緒にその場から逃げて行ったように思う。その後のことは何一つ覚えていない。またとない珍しいものを見て、たぶん子どもながらに興奮していたはずだ。まだ太陽も空高くにあった時刻だから、そのまま各自家に帰るなどということはなく、おそらく元気いっぱい騒ぎながら、また別の遊びをしようと、どこかに向かっていったのだろう。

あれ以降、死体解剖なるものを見たことがないから、それだけに今述べた情景は鮮明に残っている。その後聴いた話によると、この解剖で分かったのは、致命傷は背中にあった鋭い刃物による刺し傷で、頭のほうは、斧で骨にひびが入っていたにせよ脳みそに大きな損傷はなく、死亡原因ではなかったということだ。死因はたぶん出血多量だったのだろう。

こうして一人の爺さんが死に、殺したほうの若者は殺人者には違いないことになって警察に捕まったが、押し入ったドロボーを追い返しただけで、武器となるものをふるったにせよ、殺すつもりはなく、脅かそうとして手元が狂ったということだったのだろう。少なくとも死人に口なしだから、そういう主張は認められたはず、ほんの短い刑期を終えてすぐに戻ってきたという話だ。やや過剰になった傷害致死罪で済んだに違いない。それゆえ正式には殺人事件でもなんでもなかったのだが、私にとっては殺人事件という思い出しかない。幼いながらも強烈な印象を受けたのは、乞食を殺した若者は兵隊から戻ってきたばかりの人で、確か予科練帰りだか、特攻隊の生き残りだかと言われていて、近所の大人たちが、何もイモを盗みに来た爺さんを殺すことまでないだろうにねと、口ぐちに繰り返していたことだ。兵隊帰りは気が荒くてこまるねとも。その話は鮮明に覚えている。

あのころ乞食はいっぱいいいて、我が家にも何か食い物をめぐんでくれとせがんでくる連中が結構いた。なかには、昔（戦争前）は、東京のどこそこでちゃんとした商売をやっていたのだが、戦災にあって店も家も焼かれ、東北だか新潟だかの親戚を頼ろうとして歩いていく途中だ（もちろん電車賃もない）と話していた人もいて、母が何か食べ物をあげたのを、私はたまたまそばで見ていたことがある。つまりこの殺人事件は、当時あまたいた乞食の一人がドロボーに入って見つかり、たまたま運悪く殺されてしまったという話でしかない。殺される数日前か数週間前から、我が家の西の森で暮らしていたもようで、死体として見つかったあと、煮炊きしていた跡が森の中で発見されたという。

ところでサツマイモを盗みにドロボーが入ったということは、私の幼年時代の埼玉にはサツマイモがわんさとあったからだ。配給でもサツマイモが頻繁に配られ、何種類ものイモが、代わる代わる台所にやってきて、農林何号とか一番数多くやってきた種類だと、食べ飽きていて、いつもがっかりすることになり、たまに来る中身が黄色くほくほくしたキントキイモだったろうか、それを見つけると嬉しくなったが、たいていは白い身の柔らかな水っぽいものだったと思う。イモのほかにもいろいろの食糧が配られていたのだろうが、とても食べられなかったという記憶のあるコウリャンのほか、思い出せるものはほとんどない。麦やイモを混ぜたご飯が多かったと思うから、我が家は戦後の食糧難時代、比較的恵まれた食生活をしていたのだろうか。いずれにせよそんなに飢えないですんでいたのは確かだ。だから友達との遊びの中でも、よく食べられるものを取っては家に持ち帰る者がいたが、私にはそうした振る舞いをした記憶がない。

と言ったとたんに思い出した。一回道端でヨモギを摘んで籠いっぱいに集め、家で草団子を作ったことがある。田圃のほうに通じる切通しの道の北側斜面に、ということは南から照る太陽をサンサンと浴びるあたりに群生していたヨモギを見つけ、ウッちゃんとチーちゃんと彼らのお母さんと、私と私の母との五人で摘んだような気がする。遊び仲間のほとんどは下の名前で呼び合っていた。たとえばターちゃんは武男の略称だったし、ヒーちゃんは秀夫だったし、ヨッちゃんは良夫だったが、ウッちゃんだけは姓のほうを略して呼ばれていた。つまり内田君だったのだ。名前のほうは知らなかったが、たぶん名前を略して呼ぶと、すでにいる遊び仲間の誰かと同じものになってしまったからだろう。私と同じく、この地にちょっと遅れてやって来て仲間に加わったものだから、そんなことになったらしい。ちなみに私の名前はカ音で始まっていたから、普通のやりかたでの略称ならカーちゃんになるが、けっしてそうは呼ばれなかった。いつもカズちゃんと二音で呼ばれていた。次郎君という仲間もいたが、彼もジーちゃんにはならず、ジロちゃんだった。トシちゃんは俊勝だったのだろうか、彼もけっしてトーちゃんとはならなかった。遊び仲間の呼び方には、どうやらそうした法則のようなものが、ほとんど意識されることもなくあったのだ。ところでチーちゃんは女の子だったたから、千恵とか千鶴とか千代とかの略称だったのだろう。その本当の名は知らない。

それは春のある日だった。ウッちゃんと私は同じ歳で、翌昭和二十三年春に一緒に小学校に入り、ほどなくして一家はどこかに引っ越してしまったから、あんなにのんびりとした草摘みなどは、やっておれなかったろう。だから、おそらくは昭和二十二年の春の出来事だ。例の殺人事件の前だったのか後だったのか、まったく定かでない。当時の記憶は点在しているだけで、一本の線とはけっしてならないからだ。ところでチーちゃんはウッちゃんの二つほど年下の妹だった。だから私とも同じ年齢差があったことになる。ほとんど話した記憶はないが、私たちがヨモギ摘みをしていたあの時、さかんに野の花を摘んでは、はい、はい、といって私たちのほうに差し出してくれたのを覚えている。そのたびに、にっと笑いながら。ヨモギは結構生えていたはずで、持っていった籠にかなりいっぱいになったように思う。しばらくは皆でヨモギ摘みにいそしんだ、と言ってもチーちゃんだけは花々を見つけては摘み取り、こちらのほうにさしだし籠の中にまで入れたりしていた。あの時どんな花が咲いていたか、まったく覚えていないが、タンポポのような大きな花ではなく、ヘビイチゴと呼ばれていた小さな赤い実を付ける雑草の小さな黄色い花や、学校にあがってから買ってもらった図鑑で知った、オオイヌノフグリとかいう奇妙な名前の小さな青い花なんかだったろう。さいごには摘みとったヨモギとチーちゃんの花を分けるのにすこし手間取ってしまったと思うが、ヨモギのほうだけ選び出して二手に分け、それぞれの家に持ち帰って食べたはずだ。我が家では、母がそれを洗ってから蒸して柔らかくし、細かに砕いて粉に混ぜ、草団子を作ってくれたような記憶がある。その時覚えたヨモギの味を忘れることができず、その後もどこかで草餅や草団子を見つけると無性に食べたくなったものだ。

ヨモギの群生していた辺りから道を下ってゆくと、切通しが終わって緩やかな斜面が左右に広がっていく。一番最初の小川、それを私たちは一番川と呼んでいたが、そこまでのほぼ七十から八十メートルくらいの斜面は野菜畑になっていて、初夏から夏にかけてだろう、トマト、キュウリ、ナス、インゲンといった野菜類が栽培された。トマトとキュウリは黄色、ナスは紫、インゲンは白とピンクの花。そうした主要な野菜のあいまに、ときにゴマが植えられることがあり、薄紫の細かな花が茎先で穂状になってむらがって咲いた。季節は少しずれて別の時期だったかもしれないが、ジャガイモの白い花々が緑の中に点在し風に揺られることもあった。もちろん春先には菜の花々が黄金色のじゅうたんをあちこちに作り、その向こうに若緑の麦畑が広がり、そこから突然一羽のヒバリが空めがけてまっすぐに飛び立ち、空の青さとまぎれるくらいの高みに達して、ピピピーと甲高い鳴き声を上げていることもあった。その姿を追ってずっと眺めていると、しばらくして突然まっさかさまに落ちるようにして麦畑のところに降りてくる。そしてスーッとその姿が隠れてしまう。畑の中に巣があるのだけど、絶対に巣の近くには下りないで、降りたところからはかなり離れた自分の巣へ、地面すれすれに、まるで這うようにして横に移動してゆくんだ、巣が見つけられないようにねと、これは誰かが教えてくれたことだ。誰だったかは覚えていないが、私たちより一歳年上だったターちゃんかヒーちゃんか、あるいはヒーちゃんの二〜三歳年上の兄のデンちゃんだったかもしれない。デンちゃんも時に一緒に遊ぶことがあったからだ。そういった年上の誰かが、いかにも知ったかぶりでした話だったかもしれないから、ことの真偽は分からないが、へーっと感心して聞いていたのを覚えている。いずれにせよ私たち遊び仲間は、けっして畑に入って荒らすようなことはなかった。ヨッちゃんとかトシちゃんとか農家の子どももいたからだろう。農家の人たちが丹精込めて育てている作物を横取りすることをけっしてしなかったのは、いまから思えば自慢できる話だろう。

雨が降り続いたあと、畑の作物が急に伸びる時期があった。雨の日は何日も畑のほうに行けなかったから、久々に見てびっくりするほど緑が色濃く増えているのに気付いた。また我が家のほうから見て畑の先にある田圃一帯が、一面湖のような水面となることが、年に何回かあった。そのころの田圃には、ほんのわずかな数だが小さな舟がところどころに置いてあったりした。なんだ、湖のようになったこんな時に役立てていたのかと得心したつもりだったが、舟は普通に田圃に水を張ったとき、その中を雑草取りなどで移動するのに使うのだよと、これもまた誰かから教わった気がする。

畑から田圃のほうへと移る中間に一番川があって、当時は太さ十五センチほどの丸太を七〜八本並べて作った幅一メートル余り、長さ二メートル足らずの小さな橋がかかっていた。その橋の手前には豆を植えつけた畑があって、ある朝、そこで見た光景が忘れられない。それは霧の深い朝だった。当時、時おり霧のかかる朝があって、私は一面ぼんやりとしたその光景の中を、一人さまよい歩くのが好きだった。謎めいた地帯に分け入る冒険気分になれたからだ。あの朝も家を出て、家の北側にあるなじみの道を、一歩ずつ西に向かって下って行き、切通しの地帯を越え、畑にかこまれた辺りに差し掛かり、やがて下りが平らになって田圃近くなったとき、それまでぼんやりとしか見えなかった周りの景色に、突如一条の光が差し込んできた。朝日が、ある程度高くなって気温が上がり、霧に切れ目ができたためだろう、霧を貫いてちょうどそのあたりに光がやってきて、豆の花が咲いている一帯で輝きだしたのだ。豆は、立ててある何本もの細い棒きれに巻き付いていて、若々しい緑色の丸っこい葉っぱと、しなやかな茎とが朝露に濡れていた。そして、ピンクと白の花々が、それぞれの茎ごとに咲き乱れ、霧の中から色鮮やかにきらめきだしていた。まるで私に向かって、よくやってきたねと語りかけるように。私はしばらくの間、じっと見入った。それは実を食べるために植えられている野菜の花にすぎないのだが、なんて美しくて愛らしいのだろう。他の野菜の花よりもずっと魅力的だと思った。ずいぶんとあとになって、花屋さんというものが世にあることを知り、近くにできたその店先でスウィートピーなるものを見たことがある。ああ、なんだ、あのころ畑で咲いていた豆の花を、観賞用に大きくしただけだとすぐに確信した。スウィートピーのたおやかな美しさなら分かってもらえるだろう。野菜の豆の花はそれを小さくしたものだ。

一番川の橋を越えると道の両側には小さな溝があって、そこには当時私たちがエビガニと呼んでいたアメリカザリガニが群居していた。溝はもちろん川から田圃に水を入れるために作られていたのだろう。そこにどうしてあんなにも丸々とした大きなエビガニたちがいたのか、その理由は分からない。だけどいっぱいいたから、私たちはそれを釣るのに夢中になった。何回も何回も釣りに行って、そのたびにかなり釣れて、誰かが持ってきたバケツの中がいっぱいになって、夕食に食べるのだということで、そのバケツを持って帰るのが習いになっていたが、どんなふうに料理するのか、おいしいものなのか、そうしたことはまったく聞いていない。そもそもどうやって釣りあげていたか、それさえも覚えていない。何か網のようなものを持って行って掬い上げたのか、釣り糸のようなものをたらしたのか、それともただの棒切れを群れの中に差し入れると、そこに群がるように抱きついてきたのを、持ち上げて捕獲するといったやり方だったのか。いずれにせよ誰かがエビガニ取りの名人で、それにならって、言われるままに取っていた。どんどん取れるから面白くて面白くてたまらなかった。それが食糧になることなどには関心がなかったから、仲間とわんさと捕まえたという記憶だけが残っている。

エビガニの取れた辺から次の小川、二番川までは完全に平坦な小道となっていて、それがおよそ百メートル余り続いていたから、私たちには格好な駆けっこの場所となった。道幅は狭かったから、せいぜい二人でしか競走できない。二番川の川岸までたどり着くと、そこには橋がなかったから、二メートル足らずの川幅だったろうが、こちら岸から向こう岸まで、ときには走り幅跳びのようにして飛び越えたりした。うまくいくときもあれば、向こう岸の手前の草地の斜面に着地することもあった。一度、水に片足を落としてしまった。小川の深さは大したことなく、足を落としてもせいぜい膝の辺まで濡れるくらいで、水はきれいに透き通っていて、底に生えている水草まではっきりと見えた。そして光を反射して泳いでいく小さな魚がいっぱいいた。メダカとフナだよと教えてもらったが、メダカもフナも小魚だった。メダカが小さいのは言うまでもないだろうが、まったく違う場所で後に、かなり大振りのフナを見たこともあるから、あそこを泳いでいたフナは、せいぜい二〜三センチの体長のものばかりで、食べる対象とはならず、私たちは水に入って両手でそれらを掬い上げようとしては楽しんでいた。しかしクルリと身をひるがえし、誰の手からも魚たちは逃げて行く。だからいつまでも捕まえようとして、私たちは遊び呆けた。

　はるか後になってだった。中学生になったころだろうか、立原道造の詩で、「空と牧場のあひだから　一つの雲が湧きおこり／小川の水面《みづ》に　かげをおとす／水の底には　ひとつの魚が／身をくねらせて　日に光る」という一節に出会ったことがある。そのとき、とたんにだった、それまですっかり忘れていたあの小川遊びを思い出したのだ。あの日々の情景と立原の詩では、田圃と牧場という背景が違うが、二番川の周辺には平らな土地が広がり（そう、二番川の向こうにある丘のほう、三番川が流れている付近まで、おそらく三百メートルはあるだろうが、その間もずっと田圃になっていた）、水田が枯れてからは緑の稲が伸び、黄金色の稲穂となって刈り入れられるが、刈り入れが終わって棚のようなものが作られ、そこに刈り取った稲を束にしていっぱい掛けてゆくといった農作業がひと段落つき、晩秋になると、刈り取った稲の株あとから、またちょろちょろと細い茎が伸びてきて数センチの草となる。すると田圃はもう一面の草原だ。やがてそのか弱い稲の草も枯れ、冬が過ぎ春になると、蓮華草が、おそらくは土地の改良のためにだろう、水枯れした田のあちらこちらに植えられ、地を這うように背の低いその草から湧き上がるようにピンクの花が咲き始める。私たちは一面にピンク色となったその草原に寝そべって、青い空と白い雲を眺めたりした。田圃にはシラサギたちが何羽も何羽もやって来て羽を休める時期もあった。だからあの辺の光景を一種牧場のように感じても、ちっともおかしくはない。だから立原があの詩の中で、あのときの光景を歌ってくれたように私は感じた。

田圃に稲がない季節、泥の中からタニシを見つけたことがある。稲穂がいっぱいに広がっているころ、風に揺らめく稲の中でイナゴを見つけたこともある。タニシもイナゴも私は数匹しか取ったことがないが、たくさん見つける者もいて、たぶん家に持ち帰っては食べていたらしい。田圃はどの季節でも時間を忘れるような遊び場だった。夕焼けで赤くなった空、地平線には茜色の雲、上空には暗く陰りだした雲、富士山や秩父の山々は黒いシルエット。そうした時刻、私たちはそれぞれの家路についた。泥だらけで真っ黒になって、親に叱られることも多かったが、楽しい一日に満足して眠りにつき、翌朝元気に起き出すのが子どもの決まりだった。

我が家の庭は、ある程度広かったから、カズちゃん遊ぼうと誰かが声をかけに来ると、庭先でもいろいろのゲームをして遊んだ。近くの道路はどれも舗装されておらず、すべて土がむき出しのままだったから、道であろうと庭であろうと地面で遊ぶことには変わりなかったから、我が家の庭でもメンコやビー玉遊びをした。まっ平らな土はほとんどなかったから、地面のでこぼこで運不運が分かれるのだが、それも仕方ないと子どもながらもみんな得心していた。だからそうした遊びでは勝ったり負けたりしても、自分たちの実力よりも運次第なのだということからか、勝負にはあまり執着していなかった。勝てば相手のメンコやビー玉をもらえるし、負ければ相手に取られてしまうが、一方が完全に負けてしまい持ち札や持ち球がゼロになると、勝ったほうが気前よくいくつかを相手に譲りわたし、勝負を続けていくのが決まりだった。こうした遊びの中に、何という名前で呼んでいたのか忘れてしまったが、次のような遊びがあった。それは、わりと太目の大きな鉄釘を最低二本見つけてきて、それぞれが自分の釘を決めて地面に突き立て、出発点を決めてからじゃんけんで後先を決め、勝ったほうから自分の釘を引き抜いて土めがけて投げつけてゆくという遊びだった。うまく釘が土に刺されば、その刺さった地点と出発点とを結んで線をひいてゆく。次には相手方が同じことを自分の釘でやる。こうやって地面に交互に釘を刺し立て、前の地点から新たな線を引き、その線が最終的に相手方の線を完全に囲いこんでしまえば勝という、一種の陣取り合戦だった。二人でやるのが普通だったが、三人でも四人でもできないことはない。ただ人数が増えれば勝負がなかなかつかず、飽きてきて途中で止めることも多かっただけ。ゲームの規則としてもう一言付け加えると、自分が立てた釘の位置で、相手方のすでに描いた線をまたいでしか自分の線が描けないときには、その回は無効となってしまい、相手方の投げる順番になるといった決まりだったはずだ。いずれにせよこれは釘二本があればできる遊びだったから、他のどのゲームよりも頻繁にやっていたように思う。ベーゴマという遊びもあったが、鋳物製のコマのほか、それを投げて遊ぶのには、なにか台となるものを見つけてきて、そこにシートのようなものをかぶせ、その縁回りを何かで固定してシートをぴんと張ってから、その中央部めがけ紐を巻きつけたベーゴマを二人が同時に力いっぱい投げつけては回転させ、相手のコマをその回転力で台からはじき出すという遊びだったから、用具が必要だった。家の庭でやったという記憶はない。紙芝居屋がやって来ることもあった、ヒーちゃんやターちゃんたちの家近くのわりと広い道路上で、時おりやっていたのを覚えている。これが男の子たちの遊びだった。

女の子たちといえば石けりやゴム段をやっていたように思う。これは我が家の間近、北側の道路の田圃とは反対側の東のほうに延びているあたりで、よくやっているのを見かけた遊びだ。ゴム段は二人がゴムひもの両端を持って引っ張り、ある程度の高さにしてそれを跳び越えるというもの。やっていたのはミヨちゃん、カッちゃん、ミッちゃん、サッちゃんといった女の子連中で、チーちゃんの姿も時にあったが、チーちゃんは小さかったから、一番低い高さの段でもうまく飛び越えられず、たいていは道端の小さな花を摘んで遊んでいたようだ。いつも我が家のすぐ近くでやっている遊びだったからよく覚えている。でも女の子の遊びということで、私たち男の子はやったことがなかったが、ある時、ほかの男の子がいなくて私一人だったこともあり、ぼくにもやらせてと仲間に加わらせてもらった。かなりの高さの段になっていたのだろうか、一回目はうまく跳び越えられずゴムひもに足を引っかけたが、確か二回目でやっと跳び越えたのを覚えている。女の子は私より背の低い子でもひょいと跳び越えていたから、やっぱり女の子むきの遊びなんだと思った。石けりのほうは、地面に棒かなんかで線を引いていくつも囲いをつくり、その区画の内部に小石を置いて、それを蹴りながら次々と区画を回っていって、早く終わった者が勝という遊びだったと記憶する。女の子の遊びと決まっていたわけではないはずだが、しかしあのころあの辺りでは女の子しかやっておらず、しばしば眺めていただけで加わったことはない。

そんなわけで遊びには男の子用と女の子用の別があって、一緒に遊ぶことはそれほどなかった。でも時々はまざって遊んだ。私たち男の子が木登りをしていたとき、元気の良い女の子がやってきて争うように登ったこともある。とくにミッちゃんはお転婆で、同い年だったのに私よりうまく木登りできた。とくに我が家の庭にはモチの木やモッコクの木が幾本もあり、それらは他の木よりも比較的登りやすかったから、二人して競争して登った。それからまた我が家の縁《えん》の下《した》はかなり高く、当時の私には庭先から縁側に直接は登れない高さだった。縁を囲う板も張ってなかったから、縁の下は吹き抜けになっていて、柱の間を四つん這いになっていけば子どもたちは自由にもぐり込めたし、かなり奥まで床下を進んゆけた。ゴム毬《まり》が縁の下まで転げ込んだときなど、入り込んで取ってくるのが習いだったが、それも一種冒険気分にさせられることだった。床下の土はすっかり乾いていて砂地のようになっており、ところどころにアリジゴクのすり鉢状の穴があいていた。庭にはアリがいっぱいいたから、それらがやって来るのを待って捕食していたのだろう。そんな縁の下に何回も誰かと一緒に入り込んだものだが、女の子がよくやる毬《まり》突きをしていたときなら、ミッちゃんと一緒だったかもしれない。キャッチボールまがいのゴム毬投げをしていたときなら、男の子と一緒だったはず。体が小さくてもぐりこめるあいだは、何度も何度も縁の下に入り込んでいたから、いったい誰とだったかは思い出せない。

我が庭の南側は、お寺の敷地となっていて、終戦直後の前年にはその中央部に防空壕が掘られていた。が、それもいつの間にか埋められ、そのころはかなり広い空地となっていた。全体的にでこぼこの多い、いまだ荒れた土地で雑草もずいぶん生えていたが、子どもにとっては駆けっこしたり相撲を取ったりするのに好都合だった。あるときそこで遊んでいて、西側にある森の縁に生えていた低い木に、かなり大きなハチの巣をあるのを見つけ、その巣を石でたたき落そうとしたことがある。誰かがやっちゃおうと叫んだので全員小石を拾い上げ、ハチの巣めがけ競うように投げつけ始めた。石が当たらないうちは大丈夫だったが、誰かの石が当たって巣が揺れたとたん、巣の中央部にある丸い穴から、黒い大きなハチが次々と飛び出してきた。クマンバチだと誰かが叫んだ。日ごろよく見かける小さなかわいいミツバチや、体が細めの足長バチとは明らかに違う種類のハチだ。そいつらが一斉に巣から出て、反撃してきたのだ。私たちは懸命に逃げた。だが私はでこぼこの地面に足をとられ、思わず倒れてしまった。すると一匹が右耳の後ろに飛びついてきてチクリと刺した。それを必死で払いのけ、必死に家まで走った。その痛かったこと痛かったこと。半べそかきながら母に訴え、刺された箇所を井戸で水洗いしてもらい、そのあとにアンモニアをぬってもらった。しかし痛みはすぐには消えず、これ以降、私はけっしてハチをいじめないようにしている。一緒に石を投げたほかの連中は、無事に逃げおおせたのだろうか。自分のことで精いっぱいで、他の連中のことは知らない。いずれにせよ仲間の中で、私は、はしっこいほうでも乱暴なほうでもなかったことが分かる。年上の連中にくっついていって、言われたことをやっているような、おとなしいほうの子どもだったろう。その点で、やはりおとなしかったウッちゃんと何となく気が合ったのだろう。二人とも鈍なほうだったから、あのときもウッちゃんが一緒にハチの巣への攻撃をしていたなら、たぶんウッちゃんも刺されていただろう。でも、そもそも誰が一緒だったかも覚えていないのだから、ウッちゃんが刺されたかどうかなど分かるはずもない。

お寺のこの敷地の東側には緩やかに下ってゆく小道があり、低地になった一画へと至っている。その低地から見ると、お寺はこんもりとした森に囲まれた丘の上にあるのだ。丘の南東部の一画、低地と道を挟んだ反対側は掘削されていて、崖下に一軒の家があった。福山さんのお兄さんの家だ。お兄さんは私たちより四~五歳年上で、当時もう小学校の上級生になっていただろう。お兄さんの家の前、小道の向こう側はある程度広い草地となっていて、私たちはそこで野球を、というか野球まがいのことをやっていた。当時誰もバットは持っておらず、グローブもなかったから、本塁とみなした場所にゴム毬を投げ、それを打者が手で打ち、守備する者はころがってきたその毬を取ると一塁を守る者にそれを投げる。毬が打者より早く一塁手にとどけばアウト、打者の足が毬より早くベースに着けばセーフというやり方。本物のベースなどもちろんないから、地面に棒切れかなんかでそれらしき形を書いて済ませていた。内野も二塁を置くほど人数がそろっていなかったから、本塁、一塁、三塁しかない三角形の内野だった。外野は一人ぐらいで済ませていたが、それでも投手一人、捕手を含め内野三人が必要となれば、守るほうには最低五人が必要だから、攻撃する打者となるのは一人きりになることが多い。もしも打ってセーフとなり塁に出たとなると、もう人数が足りなくなる。すると外野手がどこかに回り、守り手の一人が打者になる。一塁、三塁と二人も走者が出てしまうと、もうキャッチャーもいらなくなる。毬を投げ、打ってしまえばそれでいいのだ。毬を打てずに後ろにそらしてしまったなら、打者役が拾ってきて投手に返せばいいのだ。もしもそれ以上に攻撃が続いたらどうしていたか、たぶん順番に交替して守りと攻撃を続けたのだろう。つまり二チームの争いなどになるはずもなく、ただ毬を投げては打って楽しむという遊びだった。少人数の仲間だけでこんな遊び方ができるよと教えてくれたのが、福山さんのお兄さんだったのだと思う。学校が終わってからの時刻だったろうが、自分の家の目の前の草原でのこの遊びに、お兄さんが参加することもあった。するととたんに変化が生じた。勝も負けもなくセーフだアウトだといって楽しんでいただけなのに、急に得点が発生しゲームらしくなってくるのだ。夏の午後だったと思う、そんな遊びに興じていたとき、突然空が真っ暗になり、大粒の雨が降ってきたことがある。私たちは皆すぐそばに家があったのだが、自分の家には戻らず、目の前のお兄さんの家に跳びこんだ者が何人かいる。その中に私も入っていた。

土間から最初の座敷に上がって、さらにその奥にある四畳半ほどの部屋に通されたはずだ。崖に面した西側に窓があったが、どういうわけかガラス戸は閉めてなく、板の雨戸を閉めて心張棒をしていた。部屋の中央部にはちゃぶ台のようなものがあって、私たちはそれを囲んでひとまず座った。雨はますます激しくなり、屋根や雨戸に音を立ててぶつかっていた。その雨音に時々雷鳴が混じってきた。遠くのほうからしだいに近づいてくる。ピカっとした光が部屋中にどっと射しこんで来るようになった。その数秒後にドカンという雷鳴。その光と音との間隔が徐々に狭まってくる。家の中だから安心だと思っていたが、光と音との饗宴がますます大きくなってきて、私たちは恐怖で頭をかかえ、お互い最後には抱き合うくらいにまでになった。そこに最終的な一発が来た。パっと光ったとたんピシャッという大音響。裏手の崖のすぐ上に落ちたらしい。雨戸の心張棒が畳の上へ吹っ飛んできた。全員、思わずちゃぶ台の下にもぐり込んだ、というかもぐり込もうとした。けれども台は小さすぎ、せいぜい何人かの頭だけがその下に入って、互いにゴツンとぶつかりあったように思う。しばらくはぶるぶる震えていた。それくらいすさまじかったのだ。どのくらい経過したろうか、やっと雨脚が遠ざかり、いつの間にか雷鳴も消え、やがて雲が晴れ、陽射しも出てきた。雨が完全にあがってから、私たちは恐る恐る福山さんの家から出て、もちろんお兄さんが先頭で、家の南東側にあった石段を駆け上がって崖の上に行った。そこには何本かの松が生えていて、そのあいだにお寺の石碑が一つ立っていて、そこには何か難しそうな文字が掘り込まれていた。が、一本の松の木が幹を縦《たて》に割ったように真っ二つに裂け、その傍らの石碑が中央部で斜めに切り裂かれ、もとの半分の高さになっていた。刀かなんかでスパッと切られたみたいだった。これが先ほどの雷が残した爪痕だった。お兄さんの家からはたぶん二十メートルぐらいしか離れていない。私たちのいた部屋の中央部からでも、二十五メートルほどでしかなかったろう。もうちょっと運が悪ければ、直撃されていたかもしれない。雷に直撃されれば死ぬのだろうが、あっという間に死ぬだろうから、ほとんど恐ろしく思う暇もなかっただろう。ところがあの時は死にそうな思いにさせられただけで、誰一人死ぬことはなかったのだから、恐怖だけが身に沁みて残ったというわけだ。

これ以来、私は雷が大嫌いだ。雷が聞こえてくるとどこかに身をひそめたくなる。その後何年かしてマルティン・ルターの伝記を読んだことがある。そこには、ルターがあるとき友人とならんで道を歩いていたら、突然雷に襲われ気絶してしまったというエピソードがあった。意識を取り戻してみると傍らには友人の死体。ルターはこの体験から、この世の不条理と、それを越えた神の摂理といったものを見つけだし、偉大な宗教家になったということだ。雷体験では同じようなものだったろうにと、私は勝手に解釈した。ただ私たちの場合、死者が出なかったから、誰一人宗教家になるどころか、宗教的な感性も身につけられなかったのではないか。どうしてこんなことを思うかというと、実はあの時の福山さんのお兄さんが、それから五～六年経ったころ、私たちが小学生から中学生になろうというころ、自殺してしまったからだ。お兄さんは中学校を卒業し、どこかのメッキ工場に勤めていたという。もうだいぶ前から私たちと遊ぶこともなくなっていたから、当時のお兄さんの生活や気持ちのことなど、私たちは誰一人知らなかった。周りの大人たちの話を総合すると、お兄さんは勤め始めたメッキ工場でいやなことがいっぱいあって、そこの工場を辞めたいと言い出したら、お父さんからこっぴどく叱られ、その晩、たぶん工場から持ち出していたらしい青酸カリを飲んで、死んでしまったというのだ。あんなに明るく元気だったお兄さんが、どうしてそんなことになってしまったのだろう。あの雷体験を共にした者としては、どうやっても理解できなかった。大人になれば分かることかと、その当時は思ったものだが、あとになってもやっぱり分からない。人はなかなか死なないものだろうが、あっさりとこの世を去ってしまうこともあるのだ。野球まがいのあの遊びをしていた当時、世の中にはまだ戦争の記憶が色濃く残っていたから、大勢の人が死ぬことにも、何かがあっという間に灰燼に帰すことにも、ほとんど違和感はなかった。長い時間生きてきていまも生き続けている存在が、一瞬で死んだり滅んだりする。それは私たち子どもでも了解せざるをえない真理のように思われていた。

灰燼に帰すと言えば、福山さんのお兄さんの家から百メートルほどの所にあった旅館が、ある日の午後、真っ赤に燃え上がり、しばらく燃え続けてから、やがて燃え落ち消え去ってしまったことがある。それは、かつてお寺に大勢のお参りがあり、遠方から来た人もいっぱいいたのだろう、主としてそうした参拝客を泊めるために作られた旅館のようだった。お寺の南側、丘の下のかなり広い敷地に、平屋の木造建築がいくつか連なるように東西に長く伸び、往時のにぎわいを忍ばせていた。この建物の南側には、これまたかなり広い庭があって、その中央部の池に初夏のころだったろうか、アヤメと思われる青いたおやかな花がいくつも咲いていたのを覚えている。記憶では確か二回そうした光景を見た。昭和二十一年の年頭から私はこの地にやって来ていたから、アヤメらしき花を見たのは、その年と翌年の二十二年の二回だったに違いない。火災の後、あの敷地全体が再開発にあい、池も埋められ庭自体も半分ほどに狭められて、新しい団地まがいの建物ができてしまったから、あの火事は間違いなく昭和二十二年の、夏以降の出来事だったはずだ。

その日、すっかり晴れわたった一面の青空だった。突然黒い煙が上がり、そこに赤い火が混じってきて、やがて大きな炎の塊となり、空高くに立ち上っていった。だいぶ経ってから消防がやって来て水を掛け、しばらくすると、しだいに灰色の煙が混じり、最後には火の影がなくなり煙だけになり、夕方近く暗くなってやっと鎮火し、建物の姿は地上から消滅してしまった。私たちは、といっても私のほかに遊び仲間の誰がいたかは少しも覚えていないが、火の手があがったときが午後のまだ浅い時刻だったら、二十二年にはもう学校に行っていた一つ年上のヒーちゃんやターちゃんは、少なくとも火事の初めにはいなかったろうから、私と同じ年のヨッちゃんやウッちゃん、それから年下のジロちゃんあたりと一緒に見ていたのではないだろうか。怖くて何人かで肩寄せあって火をじっと見つめていたはずだ。燃えている旅館の東側に、参拝人たちがお寺へと行き来していた坂道があり、その坂を上り切ったあたりで見ていたと思う。たぶん近所の大人たちも近くで一緒に見ていたろうから、親が心配して呼び戻しに来るようなこともなかった。だから皆でかなりの長時間、野次馬心というか、恐怖まじりの好奇心でずっと火事を眺めていた。火がすっかり収まり暗くなりかかってきて、やっと家に戻ったはずだ。火事について家の者とどんな話をしたのか、それは覚えていない。

それまであった物が一瞬にして無くなるというのは、当時の子どもたちほぼ全員が、教わるでもなく知っていることだった。私だってこの地に来る前、甲府の大空襲を見たことがある。夜空を焦がして燃え上がる町の姿は筆舌に尽くせないほど美しかった。その美しさが消えたあと、灰燼に帰した町が残り、そこに多くの死者が横たわっていたという。ここ埼玉でも、私たちの町の南隣り浦和で、確か昭和二十年の七月に大空襲があり、家々が燃え、人々が死んだという話を聞いた。だが、死ぬこと以上に苦しいのは、中途半端に焼かれて傷つき、その後もすぐには地上から消え去れないということだろう。どんなにつらいだろうと子ども心に想像した。爆弾に打たれたときも雷に打たれたときも火事にのみこまれたときも、きっと同じことなのだろう。

ところで焼失した旅館の南東に、もっと低い一帯があり、当時泥沼のような池になっていて周りは背の高い草でおおわれていた。その草をかき分けかき分け、やっと池のほとりにたどり着くと、濁った水の中にゼラチン状の紐のようなものが何本もからまりあうようにしてあった。紐の中には多数の黒い球が連なっていた。何なのと聞くと、誰かがカエルの卵だよと教えてくれた。あれからオタマジャクシが孵《かえ》ってくるんだ。その時はへーって思っただけだったが、その後しばらくしてから、たぶん私一人でその池に行ってみた。以前より澄んできていた水の中を、オタマジャクシがちょろちょろと数知れず泳いでいた。これがカエルになるんだな。そういえば当時あちこちに小さな池があり、オタマジャクシのほか、アメンボとかタガメとか、水の中や水の上にいろいろの昆虫がいた。連中はお互いに食べっこしたりするらしいから、たぶん別の池とか別の季節とかで見かけたのだろう。今となっては、すべてがごちゃまぜになってしまっている。虫たちについて興味を抱き、昆虫採集に夢中になったのはもっとあと、小学校に上がってからだったろう。近所の仲間と遊び歩いていたあのころ、どれだけの知識を身につけていたのか、いまでは思い出しようもない。が、はっきりと覚えていることもある。それは、どこかの森の脇を一人歩いていて、道端に薄紫の小ぶりのスミレが群れ咲いているのを見つけ、なんだか嬉しくなってしまったことだ。幾度かそこをこっそりと訪ねたが、ある日、花がヒラヒラといくつもいくつも飛び立って行くのを見て仰天した。だがよく見ると、それはシジミチョウの群れで、スミレの花はすでに散っていてもう葉っぱだけになっており、その辺には白や黄の名も知らぬ野の花が咲いていた。チョウ以外にも、空飛ぶ昆虫がいっぱいいいた。トンボは、お歯黒トンボを一匹、一番川か二番川で一回だけ見た。疎開先の山梨では、黒くたおやかなその羽根と細見にくねるようなその胴体をよく見かけたものだ。優雅に群れなして川の上をゆらめくように飛び、川辺の草木で休む姿を何度も見かけた。だから、こっちにもいるんだなと嬉しくなった。しかしその一回だけで、それ以降お歯黒には出会っていない。その代わりオニヤンマにはいくども会ったし、麦わらトンボと塩からトンボは今日でもまだ時々見かけるから、あの当時は、それこそいやになるくらい出くわしていたに違いない。赤トンボは、きっと秋だろう、空を埋めるくらい群れなして現れることがあった。セミの話はやめておこう。アブラゼミ、ミンミンゼミ、ツクツクボウシ、ヒグラシみんないて、うるさかった。あの連中は今日でも細々とだが夏になると歌っている。

ところで、あのオタマジャクシを見た低地の先を登ると、かなり広い砂利道に出る。それが西のほうに下っていて、砂利道の南側にある斜面を上がると再び平地となり、いかにも武蔵野といった趣の森がいくつかあって、森と森の合間には荒地や家が点在し、その向こうに私たちが通うことになっている小学校があった。小学校の手前はかなり広い土地となっていて、その東半分は平たんで、でも、まだ畑になっていない荒地。西半分はかなりの起伏のあるでこぼこの土地。それが田圃の方向にまで下っていて、夏には半分雑草に覆われていた。が、低い窪地になっているあたりは土がむき出しのままで、たぶん戦争中に作られたいくつもの防空壕の跡だったのだが、当時はもう埋め立てられていた。しかし草の侵入にはまださらされていなかった。

この半分平らな土地の手前に、私と同い年のキンちゃんの家があった。そして平らな荒地の向こう側、小学校のすぐ手前には二〜三軒の家。それらの家の北側、つまりこちらから見えるほうは生垣で囲まれ、生垣の向こうには背の高い庭木が並んでいたから、小学校は直には見えなかった。来年からあっちまで毎日通うんだと、期待感と不安感を同時に抱きながら眺めていた。ところでここで述べた砂利道の向こうの一帯は、かなり後になってからしか遠征しなかった場所だった。そのころには、すでに小学一年生になっていたヒーちゃんやターちゃんとはほとんど遊ばなくなり、同い年の仲間だけでは少しさみしくなっていたので、誰かがキンちゃんとも友達で、あっちまで行ってみようということになったのだ。そちらのほうの森はナラやクヌギやケヤキが混在する森だったから、秋にはドングリが拾えた。だから真っ青に晴れたそんな秋のある日、木々の多くは黄や赤茶に色づき、枯葉がはらはらと舞い落ちてくる森の中、私たちは夢中になってドングリ集めをした。

そんなときだ、キンちゃんだか誰かが、あれジープだと言った。顔をあげてみると、私たちのいる森から百メートル足らず離れた荒地の隅に一台のジープが止まっている。それからアメリカの兵隊さんと日本人のお姉さんが出てきて、二人並んで歩いていくのが見える。声はきこえない。私たちは木々の間からそっと覗き見して、西側のほうに行く二人のあとを目で追った。と二人は、窪地の一つに身を埋めるようにして隠れてしまった。頭か腕の一部らしき部分が見えるくらいで、だから一緒に横になったのだろうと思った。あたりに人影はまったくない午後だったろうか、時刻のことは覚えていない。が、空はまっ青だったし、森はほぼ金色だったし、そして突然、窪地から白いお尻のようなものが浮き出てきた。二人が何をしているのかさっぱり分からなかったが、足先に近い辺りまでズボンを下げたらしく、緩めたベルトのような紐状のものがチラチラと見え隠れしていた。だから、兵隊さんのほうが上になっていて、ズボンを半分脱いじゃったんだ、そこでその真っ白なお尻が見え隠れするんだと推量した。どのくらい経ってからか、不意に二人が窪地から身を起き上がらせ、日本人のお姉さんの白い脚もスカートの下から見えた。

が、兵隊さんのお尻のほうがはるかに白かったから、白人といわれるアメリカ人は本当に白いんだなと思った。私たちは見つかってはまずいと本能的に感じた。そこで二人が身づくろいをし、さらには下に敷いていたらしきものを片付けている間ずっと息をひそめ、なんだか見てはいけないものを見てしまったような気分になっていた。再びジープに乗りこんで二人が立ち去ったのを確かめ、初めて子どもたちは森から出た。

小学校の東方面にアメリカ軍が駐在している建物があって、どんな夜でも煌々と明かりがついているのは知っていたが、当時はまだアメリカ兵をしょっちゅう見たりはしていなかった。そこで私たちは皆、珍しい物を見てびっくりした気分だった。でも見たことを人に知られたら、恐ろしいことになるかもしれないと思った。だから、誰にも言わずに秘密にしておこうという話になり、家に帰ってからも、ドングリ拾いをしていただけだと言うことにした。子どもたちの約束事は、思いのほか守られるものだ。

その冬だったろうか。あの荒地が一面の雪景色になったことがある。かなり広い雪の野で雪合戦をした。雪原に黒い点のようにして何羽ものスズメがいて、私たちが近づいていったら一斉に飛び立ち、近くの電線にきれいに並んで止った。あの雪原は、ドングリ集めをした森の隣の平地だったのだろう。森の木々から葉っぱにかかった雪が時おりざっざっと落ちてきていた。小さな雪だるまを二つこしらえ、雪原の東と西の端に置き、雪だるまの陰に隠れて相手がたの様子をうかがい、突然躍り出ては雪を固めて作った玉を投げて遊んだ。そこには女の子も混じっていて、かなりの大人数だった。最後には皆が勝手に雪玉をぶつけあって、キャーキャー騒ぐだけになり、二手に分かれての合戦などはどこかに行ってしまった。その間、誰かが電線のスズメめがけて雪玉を投げたが当たるはずもなく、スズメたちは一斉に飛び立っていった。

こうして冬が過ぎ、その次の春、私は小学校に上がることになった。それまでの遊び仲間多くと一緒に入学したのだが、誰が一年生のクラスで一緒だったのか、よくは覚えていない。ただウッちゃんとだけは一緒だったのは確かだ。というのも入学してさほど経《た》たないころ、ウッちゃんが転校してしまったからだ。内田くんは明日から他の学校に行くので今日でお別れですと担任の先生。ウッちゃんは教室の前方に呼び出され、みなに向かってぴょんとお辞儀をし、何かあいさつさせられただろう。学校に入ってから初めて友達になった連中にはそれほどショックではなかったろうが、私には本当にショックだった。考えてもいなかったことだったからだ。でもこうなったら仕方ない、その日は学校からずっと一緒に家まで帰ろうと決めた。家の方向は同じだったから、それまでも何度も一緒に帰っていたはずだが、たいていは途中の道端で何か面白いことを見つけては、片方がそこで手間取り、もう一方がじゃ先にと帰ってしまうことが多かった。あるいはほかの連中とも同じ帰り道だったから、ウッちゃんと二人きりということは、それほどなかったかもしれない。だからあの日は、彼の家までずっと二人きりで帰ろうと思った。道々何を話したか、まったく記憶にない。それまでの思い出話なんかしたのだろうか。どこかの道を歩いているとき、どこかのお宅の庭からグミの木が道にまで伸びていて、その枝に付いていた赤い実を二人で取って食べたこと。あの時のグミの実のほんのりとした甘さ。そんな話をしたのだろうか。もうウッちゃんの家の前まで来てしまっていた。門から玄関までほんの一歩ほどしかない家だ。私はそのあたりにチーちゃんがいないかと探した。でもチーちゃんはいなかった。門の前で、じゃーねと言った。ウッちゃんはさよならと言った。元気でね、元気でねと最後に言い交し、そして別れた。いつもなら、また明日ねとか言うのだけど、もう一緒に遊ぶ明日がないことは分かっていた。それだけではない、なぜかウッちゃんとはもう二度と会えないんだという気がした。これが永遠の別れなんだと。

家に帰ってそのことを話すと、母が内田君のお父さんが戦死したんですって、そういう知らせが正式に来たんですってと教えてくれた。そのころになってやっと公式の戦死通知が届くなんてこともあったらしい。だから、どうしてだか知らないけれど、どこかに引っ越さなければならなくなったんだと、なんだか了解できた気分になった。でも本当にお父さんの戦死の知らせと、引っ越しするということとが関連していたのかどうか、私にはもちろん母にも分からなかった。そしてウッちゃんたちがどこに行ったのかも。いずれにせよウッちゃんたちは行ってしまった。こうしてあの一家は私たちの世界から消えた。

このことがきっかけだっただろうか、進学前の遊び仲間とはいつの間にか離れ離れになり、みなで一緒に遊ぶこともなくなった。その代わり小学校で新しく知った友達と親しくなり、しょっちゅう付き合うようになった。そんな連中で、浦和に近い辺に住んでいた者たちがいた。松村君や小田君だ。彼らの誰かから、そう誰だったかは覚えていないが、ある日、驚くような話を聞いた。それは浦和が空襲に会ったとき、アメリカの飛行機が一機撃ち落とされ、それに乗っていたアメリカ兵の一人がパラシュートで空から降りてきたのを、町の人びとが見つけて捕まえ、寄って集《たか》って殺してしまったという話だ。いつの日の出来事か、空襲を受けた当日なのか、翌日なのか、もっと後なのかも分からなかったし、いったいどこでどんなふうに捕まえたのか、どこでどんなやり方で殺したのか、死体はどうしてしまったのか、そういう説明も一切なかった。だから私は勝手に想像した。浦和の街のどこかにアメリカ兵が降りてきて日本人に見つかり、何人もに押さえつけられ、縛り上げられ、杭か何かに括り付けられ、竹やりかなにかで何回も何回も突き刺され殺されてしまったのだろうと。町の人々は無数の爆弾を浴び、自分の家を焼かれ、大勢の知り合いを殺されてしまったのを恨み、憎っくき敵兵の胸や腹や首や腰に、鋭くとがった竹やりを何度も何度も、代わる代わるに突き立てたのだ。アメリカ兵は苦しがって、日本人には分からない言葉を叫び続けながら、真っ白な肌から真っ赤な血を流し続けたのだ。薄れゆく意識の中で、異国で殺されてゆくその兵隊は遠い故郷を思っただろうか。やっと息絶えた後、人々は絶対に見つからない秘密の場所に遺体を埋めたに違いない。でもそういった光景はすべて、私が妄想し思い描いただけのものだった。この話は絶対の秘密だぞ、アメリカに知られたら大変なことになるんだから、誰にもしゃべってはだめなんだぞと、話してくれた友人は人差し指を唇の前に立てて真剣な顔でささやいた。うん分かったよ、絶対に喋ったりしないよと私は約束した。だからこの話は、誰にもけっしてしゃべらなかった。

しかしその後、町を歩いていて、このあたりだったのかなと探索したい気分に襲われることがしばしばあった。でも町の誰にも尋ねるわけにはいかなかった。この辺が空襲されたときアメリカの飛行機が一機撃ち落とされ、そこから脱出してパラシュートで降りたったアメリカ兵が一人、町の人たちに処刑されたというのは本当ですかなどと、いったいどうして訊けただろう。誰にであれ、そう尋ねたらその途端、絶対の秘密を明かしてしまうことになるのだから。だからあれ以降、そうした話は二度と聞くことがなかった。それゆえ今では、終戦直前にどこかで起きた悲惨な出来事を、びっくり仰天しながら聞いた誰かが、自分たちの町での出来事と勘違い、ないし面白おかしくし作り変え、まことしやかに話してくれたのを、さらに友人の誰かが真に受け私にも話してくれたのだと考えている。根も葉もない単なる噂話だったと思うほうが理にかなっていよう。ずっと後になって、たとえば八王子近辺で、あれと同じような出来事が実際あったという話を聴いた。パラシュートで降りてきた米兵が、高い木の枝に引っ掛かっているのを子どもの時目撃したという人から直接聞いた話だ。大人たちがやってきて、その米兵を捕まえどこかに連れ去り、その後その兵の行方は杳《よう》として知れなくなったという。そもそもこの八王子近辺での目撃談を聞いて、私は自分の小学校時代の友人のあの打ち明け話を思い出したのだ。浦和でも八王子と同様の事件が起きたという蓋然性は極めて低いはず。いまとなって真実を確かめるすべはないが、当時、浦和近辺の子どもの間で、そんな話がまことしやかに語られたという事実は、間違いなくあったことだ。

時はしだいに移ろい戦争の影もおもむろに薄らいでいった。私たちは全員大人になり、次々とやってくる新しい年月を生きていった。二十年後のことだったろうか、三十年後のことだったろうか、ある日私の耳に、「戦争は知らない」という歌声が飛び込んできた。確かカルメン・マキかフォーク・クルセダーズが歌っていた歌だ。後で知ったのだが、寺山修司の歌詞だった。

「野に咲く花の名前は知らない」という言葉で始まり、だけども野に咲く花が好き、集めているうち涙が出るのと続き、「戦いの日は何も知らない、けれども私に父はいない」と告白する女の子が、二十年後のふるさとで、あしたお嫁に行くことになった日、戦争で死んだという父に向かい、「見ていて下さい遥かな父さん／いわし雲飛ぶ空の下／戦《いくさ》知らずに二十歳になって／嫁いで母に母になるの」と、未来への切ない思いをこめて歌い終わる。

これを聴いた途端、私はチーちゃんを思い出した。もう二十歳をとっくに超え、おとなの女性になっているはずのチーちゃん。また立派に成人したはずのウッちゃん。あの兄妹はどうなったのだろう、すでに結婚し、父親や母親になっているのだろうか。「戦争は知らない」を初めて聴いたあの時からでさえ、そう、さらに夥しい年月が過ぎ、私たちは全員年老いた。あの別れの日に感じたとおり、ウッちゃんに、またチーちゃんに、二度と会うことはなかった。今後再会することもありえないだろう。すでに死んでしまっているかもしれないウッちゃんやチーちゃん。ただ思い出の中で、あのころのあの子どもたちは、いまなお嬉々として遊びまわっている。

父のいたころ

あれは終戦直後、昭和二十一（一九四六）年春、私が五歳になるかならないかのころだったろうか。父が、まだ勤めていた会社の共同風呂に連れていってくれたことがある。新国道と呼ばれていた幅広い砂利の道路を突っ切り、我が家から東南方面に五〜六百メートルほど行ったところに会社が、というか会社附設の工場があり、そこまで手を引かれて歩いて行ったのだ。父の会社は戦時中、海軍向けの資材を供給する軍需工場をやっていたらしく、家には某海軍中将が視察に来たとき一緒に撮ったという写真があった。父は弁護士だったのだが、なぜか戦時中はその会社の役員となっていたらしい。幼い私にその理由は分からなかったし、分かろうとしたこともない。いずれにせよかなり広い門を入ると、すれ違った人が父にあいさつして、私のことを「専務（と言ったのだと思うが）の坊ちゃんですか？」と尋ねた。父も満足そうに、「うん、我が家の惣領息子だよ」と答えていたと思う。私は父の陰に隠れるようにしながら、会社の庭に苺の植え込みがあり、白い花がちらほら咲いていたのを見ていた。風呂から帰った後、我が家の庭にはそれまでなかった苺が植えられていたから、帰りがけ父がもらってきたのではないだろうか。我が家でも白い花は咲いたものの、赤い実はついに実らなかった。

風呂は、会社の本部の東側にある建物の中にあって、天井が高く、いくつかの裸電球がぶら下がっていて、すでに何人かが入っている姿が見えた。父はその風呂が最新式の電気風呂だよと、行く道々なんとなく自慢げに話していたのだが、私にはどういう風呂なのかがさっぱり分からず、ただ電気だと感電するのじゃないかと不安になって、どこかに触ったりしたら大変だと、風呂の中では必死に父にすがっていたと記憶する。もちろん家にも風呂があって、家の風呂に父と入ると、父は決まって手ぬぐいを湯の上に広げ、その中央部に空気のふくらみを作り、それをお湯の中に潜らせていって両手で押しつぶした。と、ふくらみの中にあった空気が外に出てきて、プワプワとしだいに大きな泡となって水中を上昇、お湯の表面でプワーッと破裂する。そんなことを繰り返しては私を喜ばせるのを常としていた。まるで　水中でおならをした時のような様子になったからだ。だがあの会社の風呂では、ひたすら父の体に自分の体を押しつけて、感電しないようにと祈りながら、もう出ていいよと言われるのをおとなしく待っていた。会社の風呂に入りに行った、というか会社そのものに行ったのも、その時一回限りだった。父はほどなくあの会社を辞め、元の弁護士業に戻ったらしい。風呂に行った時期は、それゆえ苺の記憶から推察するほかない。

その年の正月から春先にかけ、我が家には多くの人びとが訪れてきた。その中には会社の人も少なからずいたのだから、間違いなく昭和二十一年のことだ。どんな人がどんな用事で父を訪ねてきたかはさっぱり分からないが、断片的に何人かのことを、その顔というよりむしろ話してくれた内容のほうで覚えている。といっても容姿の点で忘れがたい人もいる。たとえば近所の沢村さんの小父さんは、小太りで丸い顔、そしてテカテカ光る禿げ頭。その小父さんが父と炬燵で向かい合って話している時、小父さんの背後にあったふすまが、立てつけが悪かったのだろう、音もなくふわーっと倒れてきて、テカテカ光りの頭にぶつかった。大した衝撃はなく、小父さんにけがはなく、父が「やーやーすまん」とか言って、ふすまをもとに戻して一件落着したのだけれど、おそらく父の膝に抱かれてそれを見ていた私は、おかしくてたまらなくて笑い転げてしまった。たぶん父からたしなめられただろうが、そのへんのことはまったく記憶にない。ただその笑い転げたことだけは鮮明に覚えている。そのころの私にとって父はすごく大きくて、膝の上に抱かれて背後にその体温を感じるとき、何物にもまさる安心感があった。

昔の、というのは戦争前の知り合いだという人々も、引きも切らず訪れてきた。どういう人だったのか、好奇心の強かった私は、その人たちの帰った後、必ず父か母かに尋ねたものだ。父は知らなくていいといった態度で、ろくに答えてくれなかったけれど、母は何かと説明してくれたようだ。が、じつのところ、ろくに理解できなかったのも確かだ。ただかつて父と、とある山を共同開発しようとしたという、ある小父さんがやって来たのは記憶している。モリブデンの採掘事業だったとかで、結局のところ鉱石らしきものはまったく見つからず、山師に引っかかったのだよとは母の述べた独り言のような言葉で、それは良く覚えている。おそらくその小父さんの話だったと思うのだが、福島から、栃木だか群馬だかに抜ける山道を歩いていたとき、それまでに見たこともない美しい場所が突然目の前に開け、そこを山越えしながら、日本でこんなにもきれいな景色は、他ではきっと見られないだろうと思ったという。その話を聞いて、どんなに素晴らしいところなのだろうかと想像した。そしてそれまで見ていた母の故郷の山梨や、父の故郷の長野の山々のことを思い出した。ずっと後になって思ったのだが、それは尾瀬だったに違いない。長じてから私も尾瀬に数回行ったが、あの人があんなにも素晴らしいと言っていたとおりだと感じた。

あの年の二月から三月にかけて、父を訪ねてきていた数々の人の中で、思い出すのはほんの何人かだけだ。たとえば宇都宮からやって来たというご夫婦がいた。どういう関係の人なのか、なんの用で訪ねてきたのか、まったく分からなかったが、坊や、坊やとその奥さんが、その一時だけだったのだが、ひどく可愛がってくれたのを覚えている。ただし宇都宮というのを私は一の宮と聞き間違え、後に地図で探して名古屋付近に一の宮を見つけ（地図の地名を読めるようになってからだから、おそらく数年後のことだろうが）、あの時の小父さん小母さんはここから来たのと母に聞いて、違うよ、宇都宮だよと教えてもらったような気がする。

父を訪問してきたのは、遠くからの人だけではなく、会社の人もいた。ある朝だった。ガラスの入った玄関の引き戸を開けて、「専務いますか」と突然私に尋ねた小父さんがいる。ゲタのような顔をした小父さんで、玄関奥の応接間にたまたまいた私が、奥の座敷のほうに向かって「父ちゃん、お客さんだよ」と叫んで応対したが、その場面は今も鮮明に覚えている。それはその人の顔が本当に驚くほどゲタに似た長方形をしていたからだ。顔の造作まで目に浮かぶようだ。つまりそのくらいその人を見た瞬間に、びっくりしてしまったのだ。

玄関に面した応接間には、片側だけに引き出しのついた木の四角いデスクがあり、そこが父の仕事机になっていた。部屋の中央部には丸いテーブルがあり、そこに両肘掛のある丸い背もたれの椅子が三脚と、同じ仕様だが肘掛のない椅子が一脚置かれていた。そして西側にあった出窓の下の壁に沿って、同じ仕様でできた長椅子が配置されていた。それらの椅子のうち肘掛のある丸い背もたれの椅子のどれかに、かつてお相撲さんが座ったことがあったという。ある程度の名のある幕内力士だったらしい。すわるには座ったけれど、話が終わって立ち上がったとき、おしりが椅子から抜けなくなって、それこそ何人がかりかで椅子の背や脚をひっぱり、やっと抜け出てもらったとか、これも母から聞いた話だ。戦前弁護士として父が東京の四谷で事務所を開いていたころの出来事で、つまりそれらの応接セットは、すべて四谷の事務所から引っ越してきたものだったという。戦争前の四谷生活のことを、ときどき母は懐かしそうに語っていた。何しろ自家用車があって運転手さんがいたというのだ。戦争直後だったあのころの私には、自動車など、米軍のジープ以外見たこともなかったから、四谷で父たちがどんな生活をしていたのか想像することすら不可能だった。住み込みで書生さんも何人かいたし、女中さんたちもいたそうで、母はその人たちの名前を時々懐かしそうに口走ることもあった。弁護士としての父はかなり売れっ子だったのか、歌舞伎の名優、坂東三津五郎の顧問弁護士もやっていたらしいし、有名な文人たちにも知りあいがいたらしく、大下宇陀児《うだる》という名前は良く覚えている。母によれば、お父さんの飲み友達だったのよという。なぜその名前を忘れないかというと、もっと後になって子ども向け推理小説シリーズの中でその名前を見つけて、何という名の作品だったかは忘れたけれど、大下宇陀児作のを一冊買ってもらったからだ。父は、確かにかなり派手な弁護士活動をしていたらしい。満州帝国皇帝溥儀の弟、愛新覚羅《あいしんかくら》溥傑《ふけつ》さんが東京の軍人会館（のちの九段会館）で行った結婚披露宴に招かれたこともあったのよと、これまた母の話だった。溥傑さんのお相手、嵯峨侯爵令嬢浩さんの側からの招待だったという。本当かと思い続けていたのだが、ずっと後、父も母も死んでしまってからずいぶん経ったとき、家の奥にしまってあった古い箱類を整理していて、その一つから、お二人の披露宴の、私の生まれる前、昭和十二年の招待状を見つけ出した。そこで母の話は本当だったと分かった。父は嵯峨侯爵家の顧問弁護士もやっていたと、いつだか聞いていたことも思い出した。昭和十二年当時四十歳か四十一歳、働き盛りの父の全盛期の出来事だったのだろう。

玄関どなりの応接間には大きな書棚があって、金箔の背文字の入った分厚い本が何冊も並んでいた。後に知ったことだが、それが判例集というやつで、弁護士業には必須の品だったらしい。もちろん法律集のようなものは、それ以上に必要なものだったろうから、きっと父の机の上に置かれていたのだろう。ただし当時の私には、そうしたものを見た記憶はない。いずれにせよ机に座って、何か書類のようなものを調べている父の姿は、何度も見ていた。時に肩が凝ったのか、首をぐるぐるまわしたり、片手を握って反対側の肩を、つまり左手で右肩を、右手で左肩を、とんとんと叩いている姿を見たこともある。そんな折、父ちゃん肩を叩いてやるよと言って、私が両手を握ってとんとん叩いてやったものだ。さほどの効果はなかっただろうが、坊主うまいなと言って父は喜んでくれた。書棚にはさらに英語の、確かセンチュリーとかいう十何巻かの辞典があって、そのうちの最後の二巻は固有名詞辞典と世界地図で、その世界地図のほうを私はしばしばひも解いていた。おそらく二十世紀の初頭前後にアメリカで出た辞典だったのだろう。アメリカの地図がいやに詳しかったのだ。各州ごとに載っていて、カルフォルニアとかテキサスのような大きな州は東西南北いくつかが、何ページかに分けて載っていたと思う。ただしいくつかの州には空白の箇所があって、この辞典が出たころには、まだ探索が済んでいない場所があったということだろう。父は戦前国際弁護をしたこともあったと、これまた母の話だった。きっと英語も使って弁護したのだろう、こういう辞典を利用する必要もあったのだろうと勝手に推測した。あの当時、米軍の占領下、日本では英語を駆使する者は、一種特別にすごい人とみなされていたから、父ちゃんは英語ができるすごい人なんだなと思ったりした。国際弁護というものがいかなるものなのか、父が本当に英語を駆使して弁護活動をしたのか、父にも母にも尋ねたことはなかったから、真相は不明だ。ただ私があのころ、父をその面でも誇らしく思っていたということは確かだ。

応接間には、その他いろいろのガラクタが飾られていた。絵がいくつかあったが、いまから思うとみんな複製のものばかりだった。思い出すに、市民の群像を描いたらしいレンブラントの絵があったが、横三十センチ、縦二十五センチぐらいの小さなもので、本物だったはずもない。またラファエロの複製らしい、幼いキリストを聖母マリアが抱いている絵もあった。はるか後、成人してからフィレンツェを訪ねたおり、ピッティ宮で見たものとそっくりだったような気がする。たぶんあのピッティ宮のラファエロの複製だったはず。他にもいくつかあったが、どれも洋画ばかりで、日本画らしきものは一つもなかった。もちろん四谷の事務所時代から飾っていたものだったのだろう。戦争がはげしくなって、埼玉のここに家を建て、四谷から引っ越す時に持ってきたものだろう。戦争前から我が家は西洋趣味におぼれていたのだろうか。とはいえ、窓際などにいくつか置かれていた人形類の中には、明らかには博多人形と思われるものもあった。それから歌舞伎の「暫く」を模写した赤ら顔のもあった。さらには金属製の西洋的な人形、ギリシア神話の女神のようなものもあった。すべてが十センチから二十センチほどの高さの、小ぶりの置物ばかりだった。

応接間前の玄関には、その上がり口の左端のほう、止まり木にとまった鷹のはく製があって、鋭い眼光で入口をにらんでいた。子どものころの私にはその眼が怖くてならなかったが、そのうち見慣れてくると可愛いと思えてきて、ときどきそいつの羽根を撫でてやったりした。戦前、誰かから頂いたものだという。そういえば奥の客間、八畳間の南西の端に、螺鈿で月の出た山里の光景を描いた漆塗りの黒いすわり机があって、子ども心にも美しいなと思っていたが、それは戦前、父の弁護活動に対し朝鮮の何とかさんがお礼にくれたものだという。家にあるいろいろの品のうち、眼に付くものはみんな贈られたものなのだろうか。父が戦前どんなに目覚ましい仕事をしていたのかと、もっと後になって、改めて気付いたものだ。

戦争が終わって間もないあのころ、私にはそうした品々以上に、我が家にやってくる大勢の人たちのほうが気にかかっていた。我が家では玄関が南西の端にあったのだが、南側のみならず西側にも庭が広がっていて、玄関に向かって左側の庭には井戸があり、その脇に柿の木が一本あった。井戸からは手押しポンプで水をくみ上げ、北側に（玄関からみて左手奥に）ある台所までバケツか何かで運んで行ってては生活に供していた。台所といっても当時はまだ土間のままで、かまども煉瓦製のものが、もしかしたら二つあったのだと思う。かまどは薪で火を起こして煮炊きしていたはずだ。さらに土間続きに、木の扉一つへだてて風呂場があり、そこに長円形の木製の風呂桶があって、風呂釜は薪で沸かしていた。だからあのころ、毎日のように薪を作らなければならなかったはずだ。庭には樹木がいくつもあったから、落ちた小枝のようなものは集められたかもしれないが、火を起こすに足るような木材は、おそらく燃料屋さんから買ってきていたのだろう。そしてそれを薪割りで割って燃えやすくしていたはずだ。それは父の仕事に違いなかったろうが、どういうわけか父が薪を割っている姿を見た記憶がない。たぶん父は、そういった雑用的な仕事を、隣町にいた甥っ子に頼んでやらせていたのだろう。昭雄さんという父の甥、ということは私の従兄ということだが、二十歳ぐらいだったその兄さんが、しばしば家にやって来ては、井戸のわきの地面に、何か固く平らな物を敷き、そこに太い丸太を立てて、斧を真上から振り下ろして真っ二つに割っていた。二つに割れたものをさらに九十度違う方向から二つに割ると、だいたいは終了。その作業をそばで見ていると、坊やもっと離れていな、木が飛んでぶつかると痛いぞと、決まって言って追い払われるのだった。が、四等分されてかなり細くなった木片は、やってみるかと小型の鉈を渡されて、さらに小さく割るのを手伝わされたこともある。そんなことでもうまくできると私は大満足だった。

昭雄兄さんは、そんな作業をしてから食事を振る舞われ、そして自分の家に帰ってしまっていたのだろう。我が家に泊まったことは一度もなかったような気がする。そういう点では、父を訪ねてきた余所の小父さん小母さんと同様で、親戚の人ではないみたいだった。それだけ自らの家が近かったということだろう。だけど、私のほうから兄さんの家に行ったことはなかったし、兄さんのお父さん、つまり私の叔父という人に会ったこともなかった。

兄さんが作ってくれた薪で、風呂の釜を沸かしていたのだろう。最初新聞紙か何か簡単に火の付く物を下に置き、そこに乾いた小枝のような細い木材を乗せ、それに空気の通りが悪くならないように小ぶりの薪を立てかけ、マッチを擦って紙を燃やし始める。すると紙から細い木材に、そして小ぶりの薪へと火はしだいに燃え移ってゆく。十分勢いを増したころに、太目の薪を何本かくべていよいよ風呂が沸きだす。こうした風呂焚きの手伝いを何回かした。井戸水を風呂桶まで運びこむのは無理だったから、それは大人たちに任せ、もっぱら釜の火起こしを手伝った。マッチの火が細い木材に燃え移ったころ、坊ややってみるかと火吹き竹を渡される。竹の片方の節は切り落とされておらず、その中央部に小さな穴が空けられていて、もう一方の、節目を落として大きく空いている口のほうから、力いっぱい息を吹き込む。と、反対側の小さな穴から勢いよく空気が出て火に吹きかかると、火の勢いが目に見えて増す。こうやって太目の薪にまで火が燃え移ったころ、火がついたよと知らせて私の役目は終わることになっていた。

昭雄兄さんは、ただしある日から突然姿を見せなくなった。火吹き竹で風呂沸かしの手伝いをした季節はいつだったのだろう。風呂を沸かすのは夏に多かったのか、それとも温まろうということで、冬のほうが多かったのか、さっぱり思い出せない。いずれにせよあのころのああした出来事は、断片的には、はっきりと覚えているのだが、時系列としてはまったく再構成できない。

ただし康彦さんがやって来ていたのは、間違いなくあの年の五月前後の何か月間だったに違いない。というのも、ちょうど五月五日の端午の節句のとき、それはまた私の五歳の誕生日にも近かったのだが、家の居間として使われていた六畳間の柱で、康彦さんが私の背丈をはかってくれたからだ。頭の上に定規を置いて、鉛筆で柱にその位置を記してくれた。こうやって毎年記録を付けてゆくと、一年の内に背がどれだけ伸びたか、成長の記録ができるのだよと言った。翌年も、翌々年も、たぶん小学校六年生の時くらいまで、その柱には五月五日時のわが背丈が、年ごとに刻まれ続けていた。

ところで我が家の居間には、蓄音機と、ちょうどその横に並べて置いてあったレコード収納箱があった。蓄音機の使い方を教えてくれたのも康彦さんだ。じっさいにレコードをかけて音を聞かせてくれた。父の親戚の康彦さんは、数か月家に泊まり込み、いわば同居していて、その間じつにいろいろのことを教えてくれた。戦前から戦中にかけ、南洋のジャワ島で仕事していたという康彦さんは、どこかモダンなところがあり、私の知らない世界への橋渡しをしてくれたみたいだった。レコードもその一つだ。康彦さんがやって来るまでは、何しろ生活に忙しかったのだろう、そこにある蓄音機にも、ましてや引き出しに収められていたレコードにも、誰一人注意を向けさせてはくれなかった。蓄音機はゼンマイ式の物で、箱の脇にある穴の中に付属のハンドルを差し込み、それを手でぐるぐると回して内部にあるゼンマイを巻き上げてゆく。もうこれ以上巻き上げられないくらいきつくなったときにハンドルを抜く。それから蓄音機のふたを開け、その中にある丸いターンテーブルの、その真ん中にちょっとばかり突き出たでっぱりに、レコード中央の穴をピタッと合わせてレコードを置く。これで準備完了。あとはターンテーブルの右手にあるピックアップ装置に針を装填、針をレコードの一番外側の細い溝に合わせるようにそっと置けば、突然音が響き出す。康彦さんは、そういった動かし方を一つ一つ教えてくれた。

ところでレコード針といっても金属性のものだけでなく、あの当時に特有のことだったのだろうが、竹製のものがあった。小さな細い竹の一方の端が鋭くとがった形に削られているもので、戦時中レコード針一本といえども貴重な金属として製造を止められてしまったため、堅い竹がその代用品とされていたのだろう。我が家には金属製のものより竹製のほうが多いくらいだった。どちらの針で聴いていたかは覚えていないが、どのレコードからも不思議な音が響いてきて、私は目を丸くした。ただ私の力で巻き上げたゼンマイは、すぐにゆるんでしまい、レコードの音はしだいにスローテンポになって、ほっておけばそのまま止ってしまう。だから私がレコードを掛けたときは、ハンドルを再び蓄音機の横にある穴に差し込んでは、ゼンマイのまき直しをやったものだ。そうしないと瞬く間に音楽は息絶えてしまうのだ。

それらの音楽は、戦争前にできていたビクターとかコロンビアといったラベルのある古いレコードのもので、いまも覚えているが、アルゼンチン・タンゴだよと、これまた母か康彦さんかに教わったのだが、「青空」とか「ラ・クンパルシータ」といったタイトルのものがあった。他にもクラシックと呼ばれていたものもあり、ショパンとかシューベルトといった名前も、その時初めて知った。母の話だと、四谷から住居だけを移した立川の住まいで（つまり父の事務所はまだ四谷にあったということだ）、母がジャズを掛けて聞いていたら、家の外にまで音が響いたのだろう、突然憲兵が入ってきて、敵性の音楽を聴いているとは何事かとこっぴどく咎められたことがあったとか。それ以降ジャズは聴かなくなったというが、そのせいか、ジャズレコードは一枚もなかったと思う。日本的なものといえば、美ち奴とかいう女性歌手のものが一枚あった気がする。が、掛けたことはなかった。芸者上がりの歌手だということはずっと後になって知ったが、どんな歌が入っていたのかは知らない。

これらのレコードを掛けてのことだったと思うのだが、母がダンスをしたことがある。覚えている限りたった一回のことだ。居間のとなりの客間八畳間の畳の上で、誰かとスロー、スロー、クイック、クイックと繰り返し言いながら、ステップを取り、互いの手を取り、体を密着させるようにして踊っていて、そして時々キャッキャと笑った。その時音楽はもちろん鳴っていたのだろうが、音そのものの記憶はない。もしレコードを掛けていたとすれば、その役割は私がしていたのだろうか。母はワルツが何とかと言っていたような気がするから、ワルツに合わせてステップを取っていたのだろう。まったく分からない。家にワルツのレコードがあったのかさえも分からない。しかし何よりも分からないのは、母は誰と踊っていたのかということだ。男の人相手には違いなかった、だが父でないことは確かだった。もっと若い男の人とだった。スロー、スロー、クイック、クイック、そう言いながら、足さきを畳の上ですべらせていく。お相手は誰だったのだろう。康彦さんだったのか、昭雄兄さんだったのか。いや、まったく異なる時期の、まったく異なる人とだったのか、思い出すことができない。ただあの場面は今も鮮明に記憶に残っている。あのころ母はまた、時おり歌を歌った。「浜辺の歌」が得意だったのか、何回もその歌を聞いたことがあるような気がする。まだ若々しい歌声で、それほど下手ではなかったように思う。

康彦さんは、夏が終わるころまでに我が家を去った。そして、満州から戻ってきたという、父の親戚の小父さんがやって来た。ほんの数日だけ泊まっていったと思う。何しろそのころ、父の親戚という人がめったやたらにやって来て、私には、どういう関係の親戚なのか皆目分からない人ばかりだったのだが、その理由は、のちに母の話で知ることになる。満州帰りのその鹿島さんとかいう小父さんを、母はなんだか嫌っていて、だからあの小父さん、すぐにいなくなってしまったのかもしれない。だがほんの一時我が家にいる間に話してくれたことで、いまだ忘れがたいことがある。

満州は驚くほど広いんだ。地平線が果てしなく遠い先にあって、夕方には大きな赤い太陽が、はるかはるか彼方、平原のずっと先に落ちて行くのだ。満州は驚くほど寒いんだ。冬には吐く息までも凍ってしまい、口の周りや、まして髭があれば髭一帯が、じゃりじゃりの氷で覆われてしまう。いや坊や、立小便するとね、途中で小便まで凍ってしまって、氷の柱ができちゃうんだよ。でも向こうの奴らはそれでも平気さ、「チャンコロ」はね（とあの小父さんは、現地の中国人のことをそう呼んでいた）、ネギばかりかじって元気に生きているんだ。「ロスケ」はね（とこれまたロシア人のことをそう呼んでいた）、時計の文字盤も読めないような無知な連中ばかりだったよ。

何のためにそんな話をしてくれたのか分からなかったが、その他いろいろの話をしてくれたはずだ。ハルピンという町がすごく素敵で、まるでフランスのパリみたいだったよといった話もあの小父さんから聞いたのかもしれない。でもあの小父さん、パリなんか行ったことあるはずもなかろうにとは、後になって思ったことだ。そうした話の中でも、満州の寒さとか、中国人やロシア人を侮蔑するように言っていたあの口調だけが、今も記憶に残っている。

母が、父から多額の借金をしてそのまま満州に高跳びし、一銭も返してくれなかった親戚の人がいたという話をしてくれたことがある。その人を父は、何一つ咎めることなく、いつか返せるようになったら返したくれればいいさといった態度で、再び家に迎え入れて、何なのよと母は怒ったのだと言っていた。それがあの鹿島の小父さんだったのだろうか。私にはさっぱり分からないが、いずれにせよ、ほんの一時いただけで鹿島の小父さんはいなくなった。

そのあと、もう九月か十月になっていただろう、正勝さんという親戚の小父さんがやって来た。その人も康彦さんと同じく、戦争中南洋のジャワ方面にいっていたらしい。満州とは真逆の暑い話も聞かせてもらっただろうが、軍人としてかなり偉かった人だったらしく、戦争の話を、もっぱら自慢げ話してくれたのだった。日本刀はすごく切れるんだよ、ジャングルの中で敵を何人も切り倒したんだよといった話だ。よく覚えているのは、お土産だといって機関銃の弾をくれたことだ。薬莢《やっきょう》に嵌ったままの銃弾で、子どもから見るとかなり大きなものだった。弾の直径は一センチほど、薬莢と合わせての長さは六～七センチはあっただろう。びっくりして、しげしげと眺めていると、坊や欲しいかい、じゃあげるよと言って手渡してくれた。これはね、機関銃といっても、地上の敵兵を打ち殺すためのじゃなく、飛んでくる敵の飛行機を狙って打つ機関銃の弾なんだよ。そう教えてくれたが、ぴかぴか光っていて、薬莢に入ったままで、使用されたはずもないあの銃弾は、はたして安全な物だったのか。薬莢の中にはまだ火薬が詰まっていて、薬莢の底部にあった雷管に強い衝撃が加えられたら、もしかしたら暴発するといった危険性はなかったのか。いまとなると、そんな心配があったはずなのだが、当時は、私はもちろん父母もまったく危険だとは認識していなかったようだ。この銃弾は長いこと私のおもちゃとして箪笥の引き出しの中にしまわれ、時おり取り出しては眺め、手にとってはこねくり回し、その重みを確かめては楽しんでいた。ただしけっして何かに投げつけたり床に落としたりはしないでいた。それからこれは自分の密かな楽しみとしていて、友達に見せたことはなかった。こんなこと自慢しようとは思わなかったからだ。それでもかなり長い期間、この銃弾は我が家にあり続けた。いつどうやって無くなったのかは覚えていない。いつの間にか、あの引き出しから消えてしまっていた。

正勝さんがどのくらい家にいたのかも定かでない。たぶん一〜二週間だったのだろう。秋が本格化するころには、もういなくなっていたと思う。そのころ私は、たぶんブリキ製だったおもちゃのジープを持っていた。車輪があって押せばちゃんと動くものだ。薄紫色をしていたそのジープを、子どもにとってはかなりの長さの我が家の廊下で、ウーウーといった運転音を口で鳴らしながら、押してゆくのが楽しみだった。ある日ウーウーとやっていると、廊下に接した六畳間で、父と母が話している声が聞こえた。どうも正勝小父さんのことらしく、小父さんが南洋の地でやったことがひどすぎるという話のようだった。私は熱心にジープを動かしながら、二人の話に耳を傾けていた。と、「でも尼さんを、てごめにするなんて」と非難めいた口調で母が言うのが聞こえた。その前後の話も私はちゃんと聞いていたので、なんとなく全体の状況は分かるような気がした。が、どうしても分からない一点があったので、突然大きな声で尋ねた、「てごめって、なあに？」父と母は顔を見合わせ、何も答えなかった。ふだんなら、分からないことを尋ねれば何でも教えてくれていたのに。いつもとちょっと違う雰囲気を感じて、私もそれ以上くりかえして尋ねなかった。「子どもは知らないでいいことだ」とでも父は返事したのだろう。二人はまったく違う話題に切り替え、私はまた廊下でジープを走らせるのに熱中した。

ちょうどそのころだったろうか。前後関係は定かでないが、父が私を新橋の事務所に連れていってくれたことがある。浅草の松屋というデパートで行われた、親戚のお兄さんの結婚披露宴に連れていってくれたこともある。新橋では闇市というのを通りぬけた。浅草に行くときは、地下鉄に乗り換えた上野の地下道で、浮浪児たちを大勢見た。こちらは翌年の昭和二十二年のことだったかもしれない。また母にご近所の石原さんという、羽振りの良いお宅に連れていってもらったこともある。おそらく、これはあの秋から翌年春にかけてのことだと思うのだが、正確な時期は確めようもない。こうした思い出を、ここでもう少し詳しく語っておこう。

父はすでに会社を辞め、弁護士業に復帰していた。そして東京の新橋にもう一人の弁護士と共同で法律事務所を開設していた。ある日、その一緒にやっている及川先生に会わせるためにだろうか、私を新橋まで連れていってくれたことがある。電車にそんなにも長く乗るのは久々のことで、嬉しくてたまらなかったのを覚えている。あのころは電車に乗れば、たいていの場合、座席にすわることができた。大方そんなに混んでいない時間帯に乗っていたのだろうが、席がいっぱいのときにも、坊や、お座りと、誰かが席を譲ってくれることがよくあったのだ。大人は親切なんだと思い込んでいた。だからあの時もほぼ一時間余り、私は腰かけて新橋まで行ったのだろう。かなり席が空いていたら、そこに座り込んで窓のほうを向き、後ろに流れ去ってゆく外の風景をじっと見つめ続け、きっと胸おどらせていただろう。靴を脱ぐんだと父に注意されたかもしれない。私は電車に乗せてもらうのが大好きで、大きくなったらどういう人になりたいのなどと尋ねられたりすると、電車の運転手さんだ、と答えていた時期もある。そんな私だったから、及川先生に会わせるという以上に、しばらくぶりに電車に載せて喜ばせようというのが、父の目的だったかもしれない。高架線上にある新橋駅で電車を降り、表面がレンガでおおわれたガード下に出る。すると道の両側に小さな出店のようなものがごちゃごちゃと密集している。当時各所にあった闇市だった。闇市というのに遭遇したのはその時初めてで、異様な騒ぎと異様な匂いで、なんだか怖くなって父の手を離すまいと必死につかんで、ひたすら歩いていったから、どんな物が売られていたのかも覚えていない。北の方向に、つまり有楽町方面に向かって歩いて行ったと思う。いつの間にか闇市一帯を抜け出て、突然運河のような川にぶつかった。だが近くに見えた橋は渡らず、川沿いに並んでいる建物の、川と反対側にある道を右手に折れしばらく行くと、確か三階建てだった小さなビルディングの前に出た。木製だかコンクリート製だか分からない古いビルだった。たぶん戦災には遭っていなかったのだろう。ビル前面の左手にあるガラス戸を押して中に入ると、すぐに木製の階段があって、ぎしぎし上っていって二階に出る。そこが共同の弁護士事務所になっていて、父とは違ったやせ形の及川先生が奥にいた。ちょび髭をはやしていたかもしれない。「おや、お宅の坊ちゃんですか」と先生。「ええ、うちの惣領息子、我が家の跡取りですよ」と父。私はなんだか恥ずかしくて、父の後ろに半ば隠れながら、ちょこんとお辞儀をしたと思う。父は及川先生としばらく何やら話をしていたが、突然「さあ帰ろう」と私を促し、先生にお別れの挨拶をしなさいと言った。

こうして私たちは外に出た。その後どんな道筋で帰って来たか、さっぱり思い出せない。ただ銀座の何とかいう中華屋さんの、中華饅頭がすごくおいしいから、それを父に買ってもらって帰ったことがあったが、あの時だったのだろうか。それはそれは大きな餡饅で、中身のあんこが和菓子の餡とは違って独特の風味がして、舌にねばりつくような食感がした。ごま油を混ぜた餡だったのだろうが、そんな風味のものは他にはなかった。それが昭和二十一年当時、銀座にはありえたのだろうか。もしかしたらあの中華饅頭は、もっと後の時期の土産だったかもしれない。いや、及川先生に会ったのが、そもそも、もっと後のことだったかもしれない。

父に連れていってもらった場所では、ほかに浅草の松屋百貨店を覚えているが、それよりもその前に国鉄の電車をおりて地下鉄に乗り換えた上野駅の構内や、そしてその先の地下道にたむろしていた浮浪児たちの様子が、ひどく印象に残っている。戦争で両親を亡くし、行くところもなく野宿して過ごし、人様の情けにすがって生きている子どもたち、つまり戦争孤児で浮浪児となっている連中のことは、大人たちの話で知っていたが、まだまだ田舎だった我が家の付近では、そういう子どもを見たことはなかったから、実際にその連中の姿を見て、昼間だったからそんなに大勢はいなかったろうが、私はショックを受けていた。連中はこっちをぎらつくようなまなざしで注視していて、父と一緒でなかったら、あのあたりの通路はけっして通れなかったろう。

浅草には初めて行ったのだが、百貨店というところは初めてではなかった。幼いながら私にも百貨店体験はあった。それは戦争中疎開していた母の郷里の甲府に、岡島という百貨店があり、そこに数回連れていってもらったことがあったのだ。一番上の階、たぶん五階か六階かに広い食堂があり、そこでお子様ランチというのを食べさせてもらった。いろいろの品が少量ずつ皿の上に並べられていて、見た目にも楽しく、それを食べるのがすごくうれしかった。ただ戦後のお子様ランチでは、中央のご飯に小さな日の丸の旗が立っているのが習いとなっていたが、あのときのものには、かすかな記憶だが、日の丸などなかったような気がする。戦時中には、その種のお飾りをつかう余裕さえなかったのかもしれない。いずれにせよ私にとってはそれ以来の百貨店であり、なんとなく胸ふくらませて行ったはずだ。披露宴は松屋の、やはりかなり高い階にある広い部屋、デパートといえば、洋式のホールで開かれたと思いたいのだが、どうも畳敷きの大広間だったような気がする。子どもは私一人で、前に並んでいた料理は大人用のものばかり。親戚のお兄さんの花婿姿、お嫁さんの花嫁姿、そして披露宴の料理、すべて初めて接するものばかりだったのに、食べたいと思う品はあまりなく、これも食べてごらんと父に言われて、なんだか分からないものでも、どうにか口の中に入れて、どうにか呑みこんでいた気がする。

式を挙げたのは父の甥の一人だった。徹兄さんとか言ったと思う。たぶんあの前に家に一度は来ていたと思うが、自分の結婚披露宴に出てくれと父に頼みに来たのだろう。もしかしたら神式で上げる結婚式そのものにも出てくれと頼んだかもしれない。が、父としては式には出たくなくて、披露宴だけならいいよと言って、私を連れだし、集い寄った親戚一同に瘤付きなら仕方ないと納得してもらったのではないだろうか。そんなことを思うようになったのは、のちに知ったのだが、あのお兄さんは父の弟の後妻となった叔母さんの連れ子で、父にとって血のつながりのある甥ではなく、私から見ても血のつながりのある従兄ではなかったという。他にも甥や姪はいっぱいいたから、一人にだけ伯父としての責任を果たすと、後の連中にも同じようにやらねばならなくなり、なにかと面倒だとでも考えたのではないか。とはいえ、そんな小細工のようなことまでする必要もなかったろうに。なぜあの席に母と三人でなく私だけを連れていったのか、その理由はいまもって分からない。いずれにせよ私は生まれて初めて結婚披露宴に参列、見るものがすべて物珍しく、黙ってだが興味津々、目を光らせて周りを観察していたはずだ。父は、あいさつをさせられていたような気もするが、それも確かでない。しかしあの体験が、私にとっていい社会勉強になったことは確かで、私の視野を広げさせようと父が意図したことだったと了解しよう。

父から教わったことは、おそらく自分で意識する以上にたくさんあっただろうが、間違いなく他の誰からでもない父から教えてもらったのは、囲碁だ。我が家には分厚い木製の本格的碁盤があって、白黒の石が、これまた立派な丸い木製の小箱におさまっていた。黒いのは確か那智黒という石を一つ一つ丸く磨きあげたもの。それに対し白いほうの石は、ハマグリの貝殻を一つ一つえぐり出すようにして丸くしたもの。じつは石ではないのだよと父は教えてくれた。それら白黒の石を、碁盤の上に縦横一九路ずつ描かれている線の交点にできた黒いところ（三六一個あり「目」と呼ばれる）に、二人の打ち手が一回ずつ交互に打ちおろしていって、最終的には囲った目の数（＝地、つまり石で囲んで占有した部分）および相手から奪った石の数を合計して多いほうを勝ちとする、かなり複雑なゲームだ。私は父が打っている碁を見ているうち、自然に主要な規則を覚えてしまったらしい。こうなるとこの石は死ぬの、こうじゃないと生きないのなど訊くようになり、ある時から父が本格的に教えてくれることになった。とは言えそもそも父が碁の相手をしていた人は誰だったのか、それが思い出せないのだ。もしかしたら特定の一人ではなく、あのころ訪ねてやって来ていた大勢の中で、誰かれなくとなく碁の打てる人を見つけては、相手をさせていたのかもしれない。「一番やりませんか?」と機会あるごとに声かけしていたのかもしれない。ただ強い相手ばかりとは限らないから、弱い相手だったら頻繁にくりかえして打つことはなかったろうから、ある程度は碁の強い人が身近にいたに違いない。それは誰だったのか。一人思い当たるのは、石川さんという近所、といっても二百メートルほど離れたところに住んでいた小父さんで、その方はかなり碁が強かったらしい。しかし時々軽い咳をする小父さんで、あんまり近くに行くんじゃないよ、あの方はもしかしたら結核かもしれないからと、私は母から注意されていたが、果たして父はどう注意されていたのだろう。何事につけても楽観的だった父は、現に家まで元気に歩いてやってくる石川さんの病状が、そんなに悪いはずもないし、いまは良い薬もみつかったのだから、大丈夫だと言っては母の言葉になど耳を傾けなかったのかもしれない。事実ヒドラジド、パス、ストレプトマイシンなどの結核に対する新薬の話をずいぶんと聞いたことがある。それがいつの時期だったのか、戦争直後からだったのか、戦後数年してからなのか、さっぱり思い出せないのだが。いずれにせよあの当時結核は、死に至ることの最も多い病として恐れられていたのは確かだ。

父の打つ碁の勝負を私は何度も傍らで観察、複雑極まるそのやり方を、断片的にだがしだいに理解していったのだろう。碁が終わってお客さんが帰ったあと、あそこでこうやったのはなぜなどと質問したと思うのだ。父は私の好奇心に応えて、初歩の規則から一つ一つ、かなりのところまで教えてくれた。勝負してみるかと私を誘い、最初は井目《せいもく》風鈴付きの所から教えてくれた。つまり碁は黒石を持った者から打ち始める規則なのだが、その先番の黒石を、碁盤の上に引かれた縦横の線の交点の中でとくに明確に黒く記された九点（＝井目）と、さらに四隅の三々の位置（＝風鈴付き）四か所とにあらかじめ置いておいて、つまり九プラス四の一三個の黒石が盤面にはすでにあるという状態から、後手の者が白石の第一着を打ちおろして勝負が始まるというやり方だ。そのくらい黒石を持つ者と白石を持つ者との、力の差がある場合のやり方だったが、その段階から私はしだいに力をつけてゆき、父とは機会さえあれば、「父ちゃん、碁をやろうよ」とせがんで勝負するうち、とうとう最初に六目を置くだけで良いような状態になった。あっという間だった。しかしそれ以上の力はつかなかった。なぜならある日突然父が我が家からいなくなってしまったからだ。もう勝負してもらえなくなったからだ。

だから父から基本を教わり、少しは身に付くようになった事柄は、この囲碁くらいしかなかったのだが、それでさえ十分には教えてもらえなかったということになる。父ともっと長く一緒に暮らしていれば、もっともっとたくさんのことが教われただろうに。なぜそんなことになったのか、私にはまったく訳が分からなかった。もちろん父と母との関係性において何かがどうかしたのだろう。が、そんなこと、当時の私に察知できるはずもない。父と母との直接的関わりのことで、よく覚えているのは、朝、食事のとき父が食べ物を時々食卓にこぼすといって母から叱られていたこととか、仕事に出かける前に、いつも父のネクタイが少々まがっているといって、母が結びなおしてやっていたことぐらいだ。私にも、のんきで楽天的だと感じられていた父が、母に言わせると「お父さん、だらしなくて困るのよ」ということになっていた。母からそんな文句を聞いたことがあるが、それがいつの発言だったかは思い出せない。要するに私は、父と私との、そして母と私との直接関係する出来事ばかりを記憶していて、家で一緒に暮らしていたあのころ、父と母が相互にどのようなかかわり方をしていたかは、ほぼ完ぺきに覚えていない。

母はその当時、といってもいつごろかははっきりしないのだが、婦人会というものに入って活動していた。「封建的なやり方ではもうだめなんですよ」、「今は民主主義の世の中ですからね」といった言葉を、誰を相手にどんな文脈で話していたのかはさっぱり思い出せないが、母がしばしば口走るのを聞いた気がする。そして婦人会で知り合った方々の名前だと思うのだが、それまでまったく知らなかった人々の名をずいぶんと聞いたような気がする。時おりは、そういう方の誰かが母を訪ねてやって来たこともあっただろう。私には誰が誰だかさっぱり分からないままだった。石原さんもそういう方々の一人だったのだろうか。石原さんの小母さんだけは覚えているが、それはそのお宅を母に連れられて訪問したことがあったからだ。

お宅は国道を挟んで我が家の反対側、七～八百メートル離れた北東の方角にあり、住宅街の中でもひときわ目立つ広い庭のある家だった。その玄関は真新しく、中に上がって奥にまでまっすぐ伸びる廊下は、なぜかてかてか光っていて、うっかりすると足を滑らせそうに思った。廊下を上がったすぐ右手の客間に通されたが、そこには真新しい豪華な家具類がいっぱいあって、すごいお大尽なんだなと私は思った。虎の毛皮の敷物が床に敷いてあったかもしれない。小母さんはにこやかに我々を迎えてくれたが、その髪の毛が頭の上に高く延びるように結われ、その口もとがいやに赤い紅で塗られていたのを、いまでもはっきり覚えている。しかし母が一体何の目的でどんな話をしに行ったのか、それはさっぱり覚えていない。石原さんはご主人が進駐軍関係の仕事をしていて、たぶん進駐軍にいろいろの物資を納めるような仕事をしていて、何しろ羽振りの良い方なのよとは、母が誰かと話しているのを以前耳に挟んでいた。そのときは羽振りが良いとはどういうことなのか分からなかったが、なるほど高価そうに見える品々をこんなにも持てるということなのかと理解できたような気がした。母が小母さんと話している時、石原さんの小父さんも部屋に入ってきて、何やら口を挟み、そして私にも注目して何やら言葉を掛けてくれたはずだ。私はチョコレートやビスケットやら、その他それまで見たこともないようなお菓子をたくさんもらって家に帰ったように思う。お菓子すべてに横文字で書かれた包装がされていたのではなかろうか。小父さんが進駐軍から手に入れてきた物に違いない。石原さん宅訪問は。だから私にはとても良い思い出になっている。しかしあの後、母は二度と石原さんの家に私を連れていってくれたことはなかった。

我が家には中二階のような場所があった。つまり台所に隣接する四畳半の部屋の一隅に木製の階段があり、普段その上部は天井板でふさがれているが、階段を上がっていってその天井板を押し上げると、そこに屋根裏の空間が開け、いろいろの物が置かれているという場所があった。時おり冒険心に駆られた私は、一人その階段を上がり、板を押し上げては天井裏に入り込む。するとうっすらと埃っぽい匂いがする。天井のもっと奥、台所の真上あたりで南側屋根の庇下の壁に窓がわりの小さな開け口があり、普段は板戸でおおわれているが、そこまで這っていってその板戸を開けなければ真っ暗なまま。いつだったかその屋根裏に上っていったら、かなり大きな円筒形の缶があって、その蓋を開けてみたら粉末状のものがいっぱい詰まっていて、いままで嗅いだこともないような何とも言えない良い匂いが立ち上ってきた。何の匂いなのか気になって仕方なかったが、ずいぶん先までまったく分からなかった。だがずっと後になって、ある日、何かのごちそうを食べていてセロリに出会い、あの時嗅いだ匂いがセロリだったと瞬間的に確信した。あの缶にはセロリのまざった野菜スープの素が入っていたのだろう。あれは何だったのと母に尋ね、天井裏に上がったことを咎められるのが嫌で何も聞かなかったが、そういえばその後珍しいスープが出てきて、進駐軍が飲んでいる西洋スープよと、母に教えられたような気もする。いまにして思えば、あの缶詰は進駐軍から手に入れたものに違いなく、そんなものは石原さん経由でなければ我が家に来なかったに違いない。だからあの石原さん宅訪問の後、初めて私はあの缶詰と出会ったのだろう。定かではないが、石原さんの所で母がもらってきた、いや買ってきたものではないだろうか。とすると、石原さん宅訪問はスープの缶詰を求めてのことだったのか、それとも婦人会の打ち合わせのために出かけていって、ついでに缶詰を融通してもらったということなのか。

婦人会のことでいえば、新聞社まで連れていかれたことがある。たぶん昭和二十二年になってからだと思うのだが、隣町の中心にある県庁のすぐそばに埼玉新聞社というのがあって、そこまで母と一緒に行ったのだ。他に婦人会の小母さんたち何人かもいた。みんなで何のために行ったのか、私に分かる由もない。何かの要望とか申し入れとかをするためだったのだろうか。県庁の南東百メートルくらいの所に位置していた小さなビルの二階にまで、狭い階段を上がっていって編集室のようなところに入り、といっても私は母のスカートにすがって一番後ろからやっとの想いでそこにたどり着き、小母さんたちの後ろから、というかスカートの隙間から、ほんのわずか中の様子が見えるといった所から、新聞社の小父さんたちの何人かと小母さんたちがしゃべっているのを覗き込んでいただけだった。母は私がいるものだから、皆の一番後ろにいて何もしゃべらなかったように思う。書いたものでも手渡して話は終わったのか、あっという間に戻ることになって、今度は母が私と一緒に一番先に階段を下り、外に出たと思う。その後どうだったのか、記憶は完璧に失われている。どこかでおいしい物でも食べさせてもらってから、家に帰ったのだろうか。何一つ思い出せない。ではなぜ母は私を連れていったのか、私一人を家に残しておかないためという理由以外は考えられないだろう。ではなぜそこまでして、婦人会メンバーの小母さんたちと一緒に、新聞社まで赴かねばならなかったのか。ずっと後になって思うに、あのころ日本で初めて婦人参政権が認められて、国政選挙が近くなり、女性たちも必ず投票に赴くべしといった、宣言ないし呼びかけを婦人会としてなしたので、その周知のため新聞社に協力を依頼しに行ったのではないだろうか。「もう男女平等の世の中なんですからね」とは、これまた母があの当時しばしば口走っていた言葉だった。婦人会と聞いていたが、母の属していたのは埼玉県婦人連盟とでもいうような仰々しい名前の組織だったのかもしれない。いずれにせよ私が新聞社まで連れていかれたことは確かだが、その理由などは一切不明のままにとどまっている。

昭和二十二年の初春だったと思う。私はひどい風邪をひいて、肺炎まで起こしたことがあった。居間に寝かされて、毎日何回も吸入療法というのをやらされた。吸入器というのがあって、アルコールランプの上にガラス製の容器がセットされ、その容器に重曹を混ぜた食塩水を入れてランプで熱すると、やがて容器の中の液体が沸騰し、容器に接続されたガラス噴霧機の細くなった先に口を当てると、塩と重曹のまじった霧状の水蒸気が喉の奥に吹き込まれ、気管支や肺の中にまで吸い込まれ、炎症がやわらげられるという装置だ。プツプツというような沸騰の音、ジュジュというような水蒸気の音、熱があってぼんやりとした意識の中で、そんな音を聞くとホッとし安らかな気分になったりした。しばしば私は熱を出していたから、決まって母がセットしてくれる吸入器にはすっかり慣れ親しんでいた。母は漢方薬のようなものを塗った湿布を胸と喉に貼ってもくれた。毎年季節の変わり目に、こうした熱を出すのが定番で、いつものことと思っていたのだが、ただあの時だけはかなりひどい状態になり、四〇度以上の熱が何日も続き、時おり意識不明に陥るようなこともあった。で、近くのお医者に往診してもらったら、肺炎になっている、このままでは危ないとか言われ、これは最近アメリカから入ってきたペニシリンという薬で、これを打てば良くなるはずだと、ものすごく太い注射をお尻に打たれたことがある。あれはあのときのことだったのだろうか。熱が下がり、呼吸も嘘のように楽になった。だが昭和二十二年、日本でペニシリンがもう使われていたのだろうか。あの注射の記憶はもっと後の時期のことだったかもしれない。

あの春先で覚えているのは、父が何日か家に帰ってこなくて、もしかしたら私はこのまま父に会わず死んじゃうんじゃないかなと思いながら、熱や息苦しさに耐えて頑張っていたとき、ふいに父の顔が目の前に現れ、坊主どうだと声をかけ、この顔色なら大丈夫だと言ってくれたことだ。その時不意に感じた、私をこの世に生んでくれた父と母がそばにいて、二人に見守られて死ぬのだったら死んでもいいやと。なぜそんなふうに思ったのか、今もってよく分からない。が、父の顔を見たとたん本当に安心し、父と母と二人同時にいっきょにお別れできるのなら、先に死んでいってても許してもらえるだろうと感じたのだろう。ほどなく私は無事に快復した。ただし、もしかしたらこのまま死ぬのではないかなと恐怖を感じるような病気には、その後もしばしばかかった。そのたび私は快復し、そして、人間いつ死ぬか分からないという気持ちを、どこかで常に抱くような変わった子どもになった気がする。

やはりあの春だったはずだ。父が前年に引き続き庭に野菜を植え付けた。前の年にはトマト、キュウリ、ナスといったたぐいだったが、この年はラッカセイやカボチャの苗を植え、そしてジャガイモの種芋も植えた。ジャガイモは大きなのを包丁で二つか三つに切り分け、その切り口に確か灰を父はまぶした。それからその一つ一つを、庭に掘ったいくつもの穴の中に順次置いていって、土をかぶせていった。私は、種芋に灰をまぶすことや、土をかぶせて埋めるのを手伝ったと思う。今でもありありと目に浮かぶ情景だ。ただあの年の収穫はほとんど無に等しかった。前年の植え付けは、とくにキュウリやトマトに成果があり、私はそれらをもぎとっては毎日のように食べ、その結果ひどい下痢を起こしてしまったのだ。ところがあの年、夏になってからカボチャは茎を伸ばして広がってゆき、黄色い花を幾つか付けたが、見るべきような実は一つとして結ばなかった。ジャガイモはなぜか芽さえ伸ばしてこなかった。葉っぱを見た記憶さえない。つまりこの年の野菜栽培は完全に失敗したのだ。なぜか。世話する人がいなくなったからだろう。はるか昔のごく幼い日々の記憶の中から、こうして私は、父が我が家からいなくなったのは、昭和二十二年の初夏あたりではないかと推察する。なぜといって、父以外野菜を手入れする人間はいなかったからだ。母は農村出身には違いなかったが、まったくといっていいほど農作には関心がなく、まして幼い私にできることなど何一つなかった。だから何か月かして、そろそろ収穫時期となるだろうと思われたころ、せいぜい引き抜いたラッカセイの根のあたりに、中身のない小さな白い殻のようなものを見つけただけだったのだ。

あの年の五月に違いなかった。私の六歳の誕生祝を母がしてくれた。客間として使っていた八畳間に、何年ぶりかで五月人形を並べてみようと母は言った。そして奥隣の六畳間からかなり大きな四角の座卓を動かしてきて、もともと八畳にあった同じ大きさの座卓にくっつけ、広いテーブルを急ごしらえし、そこに手料理を並べ、私の友達を何人か呼んで、誕生日パーティーのようなものを催してくれた。

五月人形は奥の六畳間との境のふすまの前に並べられた。前年の五月は康彦さんが来ていて、五月人形を展示することはなかった。だからあの昭和二十二年、私は初めて自分の五月人形を見たような気がした。母によれば私が生まれて間もなく買い入れた品で、戦争中の住居、立川の家で一度並べたことがあったらしい。私もそれを見たはずだが、たぶん二歳になる時のことだろうから、一切記憶からは欠落している。三段になった棚すべてに緑色の布を敷き詰め、一番上の段の中央には、兜をかぶり鎧で身を固めた武将の人形が鎮座し、その両側におもちゃの弓と刀が配置されていた。二段目と一段目には、たぶん粽《ちまき》と柏餅、そして鉄扇、赤い綿が黒い脚付き籠の中に置かれたかがり火、紫の菖蒲の花といった小さな模型が並べられていた。そして段飾りの周辺には、神宮皇后とか金太郎とか桃太郎といった強くて英雄的な人物の人形が並べられていた。初めて見たのと同じ気分だったから、眺めていて、嬉しくてたまらなかった。だから友達を呼び、それを見てもらうのは、おおいに心弾むこととなっていた。

母は散らし寿司を作ってくれた。我が家の散らし寿司は、卵を薄く焼いて細く切った錦糸卵や、細かく刻んだニンジンや、サヤインゲンを細く切った物を酢飯《すめし》に混ぜた物だったと思う。それでも当時としては大変なごちそうだったはずだ。めったに食べられるものではなかった。母は、それから錦玉糖を作ってくれた。四角い金属製の型の中に寒天を流しこんで固めてから、それを長方形に切り分けたもので、甘味はたぶんサッカリンか何かで付けていたのだろう。食紅で色づけしたのだろう薄い紅色をしていて、とてもおいしそうだった。錦金糖よと母は言っていたが、厳密にいえばそれもどきでしかなかったはずだ。そもそも散らし寿司だって、子どもが酢飯など好むはずもないゆえ、母は普通のご飯に混ぜ物を載せてくれていたのだろう。でも白飯だったのではないだろうか。白飯は、当時としては大変なご馳走だった。それ以外にどんな食べ物、飲み物が出てきたか覚えていない。でもその二品だけでも、皆満足したに違いない。そこに呼んだのは、日ごろ近所で遊びまわっていたターちゃん、ヨッちゃん、ジロちゃん、ミッちゃん、ウッちゃん、チーちゃんといった面々だったと思う。何をしゃべったのか、食事する前後に何をして遊んだのか、さっぱり覚えていない。皆は、家の人が迎えにくる暗くなる時刻まで、一緒に遊んでいたと思う。あの日、母がせわしなく準備していた様子は忘れない。誰か手伝っている人がいたような気もするが、それはけっして父ではなかった。

あのころから、父が家に戻ってくる頻度がしだいに減っていった。最初は二日に一度くらいしか戻ってこなくなった。それから三〜四日に一日になり、やがて一週間に一度戻ってくればいいくらいになった。ある夜、母と二人で床に就きながら母に尋ねたことがある、「お父ちゃん、どうして今夜も帰ってこないの」。母が言うには、仕事の関係で地方のほうに出かけていて、あちこち回ってこなくてはならないからよとのこと。そうか、まだ帰ってこられないのかと納得し、私は寝付いたものだ。そんな夜がいくつも続いていった。もしかしたら二週間ぶりぐらいだったかもしれない。父が帰ってきた。それがいつごろだったのか、本当にあの五月ごろだったのか、まったく分からないのだけれど、ただ寒くない夜だったことは確かだ。廊下のガラス戸が開け放しだったような気がする。母と父が大喧嘩をした。

母は父の胸に飛び込むようにして、何か叫びながら、力いっぱい両こぶしで父の胸を叩いていた。父はそれを押し留めようとし、母の両腕を抑えこもうとした。そんなことに構わず、母は父を叩き続けていた。涙をぽろぽろこぼしながら、金切り声をあげバカ、バカとか叫び続けていた。私には何が何だか分からなかった。どうしてよいかも分からず、ただただ困り果てていた。たぶんやめてやめてと声を上げて止めようとでもしただろう、でも喧嘩はいつまでも収まらなかった。ついには絶望し、私は大声をあげて泣き出したのを覚えている。あんなに泣いたのは、この我が家にやって来てからは初めてだった。そしてその後も一度としてない。あの叫喚図がどのくらい続いたのだろう。母は突然開け放しだった廊下から庭に飛び降りた。そして裸足のまま庭を突っ切り門のほうへと走り出して、道路のほうに姿を消してしまった。「母ちゃん、行かないで、母ちゃん、いやだ、いやだ」とでも私は叫んだだろう。そして後を追おうとしただろう。すると父が背後から私を掴んで自分の胸に抱き寄せ、身動きできないように抱え込んでしまった。それに逆らい手足をバタバタさせたが、しょせん虚しく、私は後を追うことをあきらめ、ただ「母ちゃん、母ちゃん」と大声をあげ続けていた。父はそんな私を抱きしめたまま、母さんは戻って来るからと言って、もういい加減黙るようにと促したのだと思う。そのうち私も泣き疲れ、父の胸の中で眠り込んでしまった。記憶にあるのは翌朝のことだ。家の中のどこで寝ていたかは定かでないが、目を覚まして、あ、我が家だなと気づいた時、そこに母がいた。母ちゃん戻って来たんだとホッとしたが、その代わり父の姿はどこにもなかった。それから父はずっと戻ってこなかった。一週間たっても、二週間たっても、ひと月たっても戻ってこなかったような気がする。

後から母が言ったので知ったのだが、婦人会仲間の誰かさんから、父が隣町に新居を構え、若い女の人と一緒に暮らしているということを教えてもらったという。父に若い愛人ができたらしいというのだ。私には愛人とはどういう存在なのか分からなかったが、ただ若いということだけは分かった。母も父より十二歳年下で、自分は父さんよりずいぶんと若いのよと自慢げに言っていたから、母よりももっと若いということで、その女の人を父は気に入ったのだろうと思った。

ところでこの事態をどうしたらよいのだろう、どう向き合ったらよいのだろう。あの晩、母から厳しく咎められ、なじられ、叩かれ、たぶん父は反論も弁明もできないまま、この家から出ていってしまったのだ。もう戻ってこないつもりなのか。私以上に母が煩悶していたことは間違いない。ほどなく母は神経衰弱になってしまったと、自分で言っていた。あちこちのお医者さんを訪ね歩くようになったらしい。しょっちゅう家を空けるようになって、私は一人留守番をさせられた。それでも、すぐに良くなることなどなかったのだろう。母は夜になると、眠れないと言って、きまって家の南隣り、庭続きにあるお寺の境内に出かけて行った。仏様にお参りして、自分が良くなりますようにとか、あるいは父が早く家に戻ってきますようにとか、お祈りしていたのだろうか。月が煌々と照っているような夜には、さまよい歩く母の姿が木々の間からちらちらと見えた。白い服を着ていたのだろうか、まるで白い魚が、暗い海の底を泳いでいるような雰囲気だった。「母さんは魚だ」といった表現を、はるか後、アメリカの作家のだったろうか、ある小説で見つけたような気がするが、そのとたん、まざまざとあの母の姿を思い出した。

そのうち母は寝物語をしてくれるようになった。父の生い立ちの話だ。かなり長々とした話で、幾夜か、それを聞きながら寝付いてゆくのが私の習いとなった。

父は明治二十八年信州の松本近く、その北方にある中萱とかいう村で生まれたらしい。元の姓は宮川と言ったが、四、五歳の時に大野木家に養子としてもらわれて来たのだと言う。どんな経緯かと言うと、宮川の父（つまり私の実の祖父）から、母（私の実の祖母）が三行半《みくだりはん》とかいう離縁状を突きつけられて家を出され、その後やって来た継母（祖父の後妻）に父はいつもいじめられていたが、それを宮川家に庭師兼大工のような形で出入りしていたという大野木の養父が不憫に想い、自分の所には子どもがいないから養子としていただけないかと申し出て、縁組ができたのだという。宮川の祖父には後妻との間で、その後何人かの子どもが生まれ、追い出された祖母にも、再婚してからやはり何人かの子どもができたという。そればかりではない、結婚して何年間も子どもができなかった大野木家にも、父を養子にもらってからほどなく実子が生まれた。私も知っている長吉叔父さんだ。こういうことで私の父には、何人もの異母兄弟や異父兄弟がおり、その人々の子どもたち、つまり甥や姪が何人となくいることになっていた。いや父の実父の兄弟姉妹の子どもたち、実母の兄弟姉妹の子どもたち、つまり父の従兄たちも相当数いて、父が東京で成功した後、そういう人々との交流が始まり、と言ってもほとんどが信州から父の所にやって来るという形だったろうが、訳が分からないくらい数多くの親戚が我が家に出入りするようになったらしい。そうだ、大野木家の親戚も忘れてはいけない。おまけに父は、最初の妻を病気で亡くしていたのだが、その姻戚で知り合った人々の一部とも、私の母と再婚した後にも、つきあいを絶やさないでいたらしい。はっきりしたことは分からないが、戦後の我が家にもそういう人の誰かが訪ねてきていたかもしれない。母の寝物語をきいているうち、なんでこんなにも父の親戚が多いのか、少しは分かった気がした。

大野木の家は松本の西方、島々という町の入り口付近にあって、私も戦争中、その家に一時疎開したことがある。戦後も何回も訪ねている。ただし大野木の祖父は私の生まれる前に死んでおり、祖母が長吉叔父一家とともに暮らしていて、私のことを二人とも大変可愛がってくれた。ところで宮川の祖父は、実は私が生まれた直後、わざわざ私を見るためにだろう、当時立川にあった我が家にまで訪ねて来たらしいのだ。まだ生後数か月の私を真ん中に、というのは私を抱いた母を真ん中に、父と祖父が左右に立っている写真が残されている。もちろんその時会ったきりだろうから、私の記憶に祖父は百パーセント存在しない。その写真を見て、何て顔一面が白い髭でおおわれているのだろうと、びっくりしたことがある。その祖父は戦時中か戦後まもなくかに死んだらしい。医者をしていたらしいが、それも定かではない。そういうことについては、母も知らなかった。一方父の実の祖母は、祖父よりももっと前に亡くなっていたらしいので、私ははるか後、島々から松本へと通じるまっすぐな道の途中、波田村というところにある祖母の墓に参ったことがあるだけだ。波田村には祖母の再婚した家があって、幼い父も何かの折にそれを知ったらしく、まだ大野木家にもらわれてから数年もたっていなかったころ、まっすぐなその道を何キロも歩いて、再婚先の家まで実母を訪ねて行ったことがあったという。左右に山が迫っている比較的狭い峡谷のようなところを、ほぼまっすぐに流れていく梓川に沿った道を。周りには杉並木のようなものがあって、天気が良くてもそんなには暑くない道だろうが、おそらく五キロ以上はある道で、幼い子どもが歩き通すのはどれほど大変だったろうか。かの地を私が訪ねたのが夏だったから、思ったほど暑くないといった印象だったのだが、父が必死の想いで実の母を訪ねて行ったのは、いったいどんな季節だったのだろう。父は自分の母の嫁ぎ先を突き止め、そこまで行って母に会わせて欲しいと頼んだらしい。だが母の再婚相手の男の人に見つかり、けんもほろろに追い返されてしまい、実の母に会うことはかなわなかったという。こういうせつない話を、私の母は父から聞いたに違いない。それもおそらく寝物語として。それを父のいない夜、母が私に寝物語でしてくれた。現在長野市にある長野県立美術館の東山魁夷館で、魁夷の「道」という代表作を観賞したことがあったが、緑の草原を突っ切って白い道がまっすぐ伸び、地平線近くでその道が右のほうへと曲がってゆくというその絵に、「絶望と希望を織り交ぜてはるかに続く一筋の道であった」という魁夷の言葉が添えられているのを見て、突然、父が歩いて行ったというあの道のことを思った。久しく会えないでいた母と再会できると期待しながら歩いていったときの希望、そして会うこと叶わず追い返されて戻ってゆくときの絶望、幼い日の父の想いを、私もまた追体験したような気がした。

私の母は、こうした幼い日の父の話をしながら、うちのお父さんは、自分が受けたのと同じ仕打ちを和磨に対してしようとしているのよと言ったが、私にはその意味がよく分からなかった。父親が子どもを手放すという点では共通しているかもしれないが、私の父は本当の母親からも引き離されたというのに、私はと言えば、現に母と一緒に暮らしているのだから、まったく違うはずだ、それに、そもそも自分の跡取りとして私のことをあんなにも自慢していた父が、私を本当に見放すはずはない、父は何らかの理由で母を見捨てることになるとしても、私を見捨てるはずはないと、それこそ根拠もなく信じていた。父が帰宅するという可能性を感じ続けていた間、私のこの確信は揺るぎなかった。

父は大野木の家で、あの奥深い山村で大きくなっていった。が、その前、あの実父の宮川家で暮らしていた時、まだほんの小さなころだろう、誰か手伝いの男にでも背負われて野山を駆け巡っていたらしいが、そんなあるとき、丈高い草のとがった先で左目を刺されてしまった。適切な治療を受けられなかったのだろうか、ほぼ失明に近い状態、左目は明かりを感じることしかできなくなるといった状態になってしまったのだ。父は、その話を私にはしてくれなかったが、母には語ったという。ところで左目といえば、私自身小学校高学年になるころからメガネをかけなくてはならなくなった。とくに左目の視力が弱く、緑内障を引き起こすくらいの弱視になってしまった。なぜなのか分からないが、もしかしたら、父のそうした状態から影響を受けたのかなと思ったりもした。遺伝であるはずはないのだから、因縁とでも呼ぶほかないことなのか。ところで父は、そうした不自由に負けることなく勉強に励み、大野木家のある村で一番勉強ができるようになって、どんどん上の学校に上がって行ったという。そして松本の師範学校にまで行ったらしいのよ、とは母の話。はっきり聞いたわけではなく、その辺のことは正確には知らないけれど、とのこと。とはいえ父が小学校の先生をやったことがあるのは確かで、若い父を中央にして生徒たちが川べりで集合している古い写真があったし、父からも、子どもたちを梓川のほとりで水遊びさせて楽しかったぞという話を私自身聞いたことがある。だがそんな生活には満足できず、大野木家のあとは、父が養子に入ったすぐあと生まれたという長吉叔父にすべてまかせ、父は単身東京に出ることを決意したらしい。

その後の詳しい経緯は分からないが、最終的にはC大学に入学した。たぶんまず予科に入り、その課程を終了してから、大学のほうに進んだのだろう。生活費、学費すべてを自分で稼がなければならなかったので、東京は神田近くの法律家の事務所に書生として入り、C大学の夜間部に通ったらしい。廣井先生という名を聞いたことがあるが、長じてのち私が、C大学の関係者名簿を古い時代から調べてみても、父がいた時代の教師一覧に、廣井なにがしという名前は見つけられなかった。いまにして思うに、父が勤めていた法律事務所が廣井先生の事務所だったのかもしれない。こうしたことは、もちろん母の寝物語を聞いた当時にはまったく分からなかったこと。ただ花井卓蔵先生という名は何回も母からも聞いた。花井先生は間違いなくC大学の関係者、C大学はおろか、日本の私立大学全体の中で初めて法学博士になったという先生で、父の在学時にも母校で教えていたことがあったろうから、父の恩師だったに違いない。なにしろ偉い先生で、父はその薫陶を受けたことを、子どもの私に対してさえひどく自慢げに語ってくれたことがある。学生時代だけではなく、大正十四年に卒業した後、高等文官試験に合格して弁護士を始めた後でも、しばしば花井先生のお宅を訪ねていたらしい。直接父から聞いたのだが、花井先生は昭和六年かに亡くなったというが、その晩、先生のお宅に父は先生を訪ね、鍋物をごちそうになってからお暇した。その後、鍋に使っていたガスが漏れたのだろうか、先生はガス中毒で亡くなられたのだという。おれがもう少し後まで付き合い、鍋物の後始末をきちんとやっていれば、先生は亡くならなかったはずだ。そう思うと残念でならないと、一度ならず父は述懐した。母の寝物語には、そんな細かい話は全然出てこなかったが、ただ、お父さんはね、大学を首席で卒業してね、銀時計をもらっているのよと母は言っていた。首席というのは一番の成績でということだが、正確な意味はその当時は皆目分からなかった。大学全体での首席なんて、やっている専攻がまちまちなのだからありえないことであり、自分が選んだ専攻課程の中での一番ということでしかないのだろうとは後で知ったこと。ただし銀時計は、これまたはるか後、家の片づけをしていて古い箱を開けたら、古びた銀時計がその中にあったから、母が話していたとおり、父が首席で卒業したことは間違いなかろう。

母はこうして父の過去を、知っている限り私に伝えようとしてくれた。華やかな弁護士活動をしていた四谷時代のことも、もしかしたらあの寝物語で一番詳しく話してくれたのかもしれない。ただしそれ以外の時にも、何かの折に四谷の話を母が口走っていたのは確かだ。父が柔道をやっていて首を絞め技にやられて落ちて、ということは気絶して死にかかったという話も、あの折、母はしてくれたかもしれない。が、もっと後になって父自身から詳細に聞いたのを覚えている。それによれば、意識を失った後、父は美しい花々の咲き乱れる草原のようなところをさまよっていたという。うっとりとするような甘美な気分だったらしい。草原の向こうに澄み切った清流、さらさらと流れる川があって、その向こう岸から早く来いよと手招きする複数の人たちがいた。それは、はるか昔になくなっていて懐かしい想いが湧きあがるような人々だった。川を渡ろうと身構えたとき、おおい、大野木、起きろ、起きろというかすかな呼び声に気づいて立ち止まる。と、おおい、大野木、という声が繰り返され、しだいに大きくなって、はっと気づき、目を開けたら、柔道場で仲間が大勢、周りを取り囲んで覗きこんでいたという。俺はそれで助かったんだ。あのとき見た川が、三途の川だったに違いない、あそこを渡っていれば、俺は死んでいたはずだ。父はそう話していた。学生時代の体験だろうから、そのとき父が死んでいたら、私はもちろん生まれていなかったはず。人の命というものは、ほんのちょっとしたことで、左右されてしまうのだなと思った。

こうして父の話を幾晩にもわたってしてくれた母は、何を私に伝えようとしたのだろう。寝物語をそろそろ終了しようと考えたころだろう、ぽつりと言ったことがある、「お前のお父さんはね、人間としてはとても立派よ、でも男としてはまったくだめなの」。私にはその意味は、からきし分からなかった。が、もちろん今では、痛いほど分かる気がする。母は自分を裏切り見捨てた男が、子どもにとっては立派な父であることを教えたかったのだろう。父の姿を見て成長していく機会が、共に暮らすことがなくなるだろう私から今後失われるのを恐れ、どうにかして父の姿を、男の児である私の中に刻みこんでおきたいと願ったのだろう。確かにその後、父は年に一

〜二度といった頻度でしか、我が家に姿を見せなくなった。母との離婚は十三〜四年後に実現する。日本の決まりにより母は旧姓に戻ることになったが、母と一緒に暮らしていた私は、大野木姓に留まることを選んだ。父の嫡男としての誇りのようなものがどこかにあったからだろうか。いいや、家族制度のなくなった時代、大野木家を受け継ぐことに何の意味があるのだろう。そもそも血のつながりということでは、大野木家とは、父としかつながっていない。父を捨てた宮川家に、いまさらつながろうとも思わない。私は、それまで大野木姓を名乗っていたからという理由だけで、母の姓へと名を変えることを拒んだのであり、私にも遠い祖先からの命の連なりがあることはもちろん知っているが、そんなことより、あるいはそんなこととは関係なく、自分自身として生き続けようと決めたということだったのだろう。

だが母は、私とは違っていたはずだ。父が家を出て行ったあと、母は婦人会活動もやめた。世間に出て華やぐようなこともなかった。歌曲のような歌い方で歌うこともなかった。スロー、スロー、クイック、クイックとダンスすることもなかった。あのころの母の悲しさ、苦しさ、切なさ、くやしさといったものを私はどこまで分かっていただろうか。

父も母も疾《と》うにこの世を去っている今、そして私自身もほどなくこの世を去ってゆくだろう今、あらゆる心残りを超えて、すべては時の流れの中で受け入れ、認め、許すほかないものとなっていると思っている。

母のふるさと

祖父は毎朝庭先で太陽に向かって柏手《かしわで》を打っていた。太陽は東のほうの比較的低い山並みからおもむろに姿を現す。その輝かしい光に向かって祖父は深々と頭を下げ、両手を打ち合わせ、お日様が人間をはじめ万物に日々どんな恩恵を与えてくれているかを私に説いた。だから毎朝こうやってお日様に感謝し、今日も一日皆を見守ってくださいとお願いするのだよ。

母方の祖父に関して覚えているのは、ただこの一場面だけだ。どんな容貌だったかもほとんど思い出せない。歳の割には腰も曲がっておらず、面長で、頭はかなり禿げていたような気がするが、声や話し方は記憶にない。私に語ってくれたあの言葉だけを覚えている。祖父は確か昭和十九（一九四四）年の夏、八十八歳で亡くなったはずだから、あの思い出の場面は私が三歳になって程ないころのことだっただろう。

母の郷里は甲府盆地のほぼ中央部にある小さな村で、東西南北すべてに山があって、どちらを向いても山ばかり。しかし平らな盆地はかなり広く、ずいぶん先のほうまで伸びているので、山に取り囲まれているといった圧迫感はない。祖父の姿を覚えているあのとき以来、何度も足を運んだから、もっといろいろの光景を記憶している。朝は西のほうにある南アルプスが、三千メートルを超える峰々の先端からゆっくりと赤く染まっていったし、逆に夕方には、西のほうの山々は暗く陰り、東のほうの低い山並みはいつまでも明るく、波打つような山麓の襞の一つ一つに明暗が生じ、陽射しのあたっている果樹園や畑や倉庫やらの小さな建物が、各所に浮き出るように小さく見えていた。南のほうには富士山の裾野に連なる山々が前面にそびえ、その彼方はるか高みに富士山の頂がちょっぴり顔を出していて、秋から春にかけての晴れた日々には、ひときわ白く輝いているのだった。そして北のほうには八ヶ岳が、たなびくように峰々の威容を見せていてと言いたいところだが、母の村からはかなり距離があるので、眼路遥か地平近くの山の一つにすぎないような感じになっていた。

祖父が朝いちばんに庭に出たのに気付き、私もつづいて起きていったあの時、冷気のようなものは感じなかったから、たぶん春から夏にかけてのころだったのだろう。あの庭は、南側にある幅三メートルほどの道路から家までがたぶん十五メートルぐらい離れていたから、そのあいだにはいろいろの植え込みが点在していたはずだ。菊が咲き乱れているのを見たような記憶がある。またあそこには牡丹《ぼたん》の古木が一本あったと思う。というのも、あの庭先の古めいた写真を後《のち》に見たことがあり、そこにあの木が間違いなく写っているからだ。記憶よりも記録から牡丹の存在を確信するのだが、しかしあの木は春に大輪の花を付けたであろうに、その花のほうは見た記憶はない。それゆえ祖父がお日様を拝んでいたあの姿は、春ではなく、祖父が死んだという七月の直前、死までまだ一月あまりあったはずの昭和十九年の五月から六月のころだったと推察しよう。私が三歳にもなっていない十八年当時の記憶であるはずはないからだ。

母も私を連れてずっと里帰りしていたわけではなかろうから、当時住んでいた立川の家のほうにいったん戻り、そこで祖父の死を電報で知らされたというに違いない。親戚の誰かと母が話していたのを聞いた覚えがあるが、祖父は死の朝、自分で自分の脈を計ってどうも今日は調子が良くない、今日あたりが最期の時となるような気がする、だから東京にいる誠《まこと》伯父に電報を打ち父危篤と知らせろ、それから祖父の家の近くに住んでいた務《つとむ》伯父をすぐに呼んで来いと自ら指示したという。そうした伯父たち、つまり母の兄のどちらかから祖父の死を伝えられて、母は今度も私を伴って郷里に急ぎ戻り葬儀に出席したということだと思われる。祖父の葬儀の様子は、かすかながら覚えている。

祖父の家は茅葺き（もしかしたら藁葺き？）の古い家で、江戸時代に建てられたに違いなかった。道路沿いに東西に長く伸びていて、一番西側がかなり広い土間で、たぶんその一隅が台所となっていたのだろう。土間を上がったところが、やはりかなり広い板の間で、その床の中央部に囲炉裏が切ってあったと思う。鍋物などの煮炊きは主にそこでやっていたのだろう。ただし暑い夏はどうしていたのか、たぶん土間の端にあった竈のどれかで料理がなされていたのだろうが、そんなことはいっさい記憶にない。覚えているのはこの土間と板の間とは一続きになっていて、その天井は真っ黒で、四方にある太い柱や幅広い梁《はり》も同じように黒々と染まっていたということだ。長年月にわたり竈やら囲炉裏やらの煙と煤で、黒光《くろびかり》するくらいまでに変色していたに違いない。この板の間で祖母や母が、時おり小麦粉を水で練って大きな団子を作り、それを今度は平らに伸ばして板状にしてから幅広く切り分けてうどんを、というか山梨地方特有のほうとうを作っていた。その後それを味噌の汁の中に入れ、種々の野菜とともに煮たててほうとう汁が完成、本当においしかったが、見ていて面白かったのは紐皮状のほうとうを作るところ。もしかしたら祖母や母は団子状の塊の上に布をかぶせ、その上の乗っかってよいしょよいしょと足踏みを繰り返し、やっと小麦粉の塊を平らにしていたのだろう。その作業が楽しそうで、ぼくにもやらせてと一度や二度は手伝わせてもらったような気がする。おそらく体重の軽い私では手伝いにもならなかったろうが。

この板の間の東隣りに人が寝起きする部屋がいくつかあり、それぞれがふすまで区切られていた。いくつ部屋があったかは定かでない。最低三部屋続きであったと思うが、光恵《みつえ》伯母さんが寝起きしていた一番東側の部屋は別だった。その部屋は南側にあった縁側からいったん外に、ということは庭に出てからでなければ行けないようになっていた。つまり廊下続きでは行けない構造になっていたから、もしかしたら以前は母屋の一角に設けられていた馬小屋のようなところを、後に人が住める部屋へと改築したのかもしれないと、いまでは思う。

祖父の葬儀の日、大勢の人が集まり家の中はざわめいていた。土間や板の間は手伝いに来た女の人たちでいっぱいで、なにやかや料理の準備がされていただろう。板の間に続く座敷にお仏壇があったと思うが、その前に祭壇がもうけられ、祖父の遺体が置かれ、坊さんがやって来てお経を唱え、皆が次々とお焼香をあげ、葬儀が執り行われたのだろうが、そうしたことはまったく覚えていない。ただ大勢の人が集まり、なにしろ今まで体験したこともないようなにぎわいで、私はなんだか嬉しくてたまらず、おそらくお経やお焼香が終わった後に違いなかろうが、人々の間を走り回っていたのを覚えている。たぶん務伯父さんの所の子どもたち、私とそんなに年の差のない従兄弟たちと追いかけっこでもしたのだろう。祖父の葬儀は、だから楽しかったという思い出のほうが強い。家での葬儀の後、寺まで遺体を運んで埋葬したのだろうが（当時村で火葬はなかったはずだから）、しかしそれらの記憶は一切ない。すっかり忘れてしまったというより、小さい子どもは連れていかれなかったということだろう。そうした儀式全体が終わった後、人々はまた家に戻って料理が振る舞われたのだろうが、従兄弟たちと家の中を走り回ったのは、そうした精進落としの時だったかもしれない。いずれにせよ不謹慎なことに違いなく、たぶん大人たちにたしなめられて、ほんの一時《いっとき》で止めさせられたことだろう。しかし祖父の葬儀の思い出としては、楽しかったというその一事だけが心に残っている。

葬儀参列はほんの一時の出来事で、再び私たちは立川に戻ったに違いない。そしてそれから程遠からぬころ、その年の秋か翌二十年の初めごろ、戦争がますます激しくなり、立川には軍の飛行場があって敵の空襲を受けるかもしれないということから、私は母とともに母の故郷山梨に疎開させられた。最初甲府のとあるお宅に一間をかりて暮らしたということだが、甲府には母のすぐ上の姉、澄江伯母もいたから、そこを訪ねたり、母の実家の村を訪ねたりもしていたらしい。甲府での思い出と言えば、市内にあったデパートの食堂でお子様ランチを食べさせてもらったことや、街中《まちなか》の道路をけたたましい音を立てながら走る木炭自動車を見たことぐらいだ。ガソリンが足りなくなって急遽作られたという木炭自動車は、後ろにつけた炉から煙をあげて車体をガタゴト揺さぶりながら走ってゆく無様かつ滑稽な姿が印象的だった。そして祖父亡きあと、祖母と光恵伯母が暮らしていたあの母の実家に遊びに行っていた時、確か昭和二十年七月初めごろの夜だったが、甲府は敵機B29に空襲されて、ほとんど焼野原にされてしまった。あの空襲の夜景は、いまも眼の奥に色鮮やかに留まっている。だから疎開していた当時の甲府の思い出といえば、なによりも夜空を焦がして燃え上がっていたあの夜の光景だ。

あの日あの村に行っていた母と私は、幸い無事だったわけで、それからは母の実家で過ごすことになったのだろう。私にとって母の郷里の思い出は、主としてこの時期に育まれている。とはいえまだ四歳になって程ない頃だったから、漠然とした記憶しかない。そもそも甲府に一間借りていたというが、そこは立川の家からもっていった荷物類を置いていただけで、私どもは最初からほぼずっと母の実家で過ごしていたのかもしれない。と言うのも甲府の住まい自体の思い出が、まったくと言ってよいほどないからだ。しかし母の実家のあったあの村に、甲府から身延線に乗って小井川という無人駅で降り、田圃の中の細いうねうねとした道を母に手を引かれながら何度も歩いたという思い出はある。だから、間借りしていた甲府の家からあの村を、幾度も訪ねていたという事実のあることは間違いない。あの小さな駅から遠くに林や森や家々が見えていたが、当時の私の背丈から見ての記憶で、そんなに遠い道のりを歩かされたわけはなかろう。村に入ると家々の庭には、季節に関わりなく種々のきれいな花が咲いていて、なんだか嬉しくなったものだ。

村の思い出の一つに、母の実家から百メートルほど北に位置していた務伯父の家があるが、それは大変広い家で、しょっちゅう遊びに行っては従兄弟たちと庭先を走り回っていた。いちじくとか桃とかその他さまざまな果樹の植わった庭だった。そこにある日兵隊さんたちが何人かやって来たよと教えられ、いそいそと駆けつけたのを覚えている。あの村付近に新しく飛行場を作ろうという計画が生じて、土地の測量をしに来たのだという。あれは甲府が空襲される前だったにちがいない。B29の編隊はまず富士山を目指して我が国上空に侵入してきて、甲府盆地の上で九十度東に方向を変え、東京方面に飛び去ってゆくというのが常態だったから、東京空襲を防ぐために村の辺りに新しい飛行場を作り、戦闘機を飛ばして敵機を撃墜しようというのが目的だったのだろうと今では思う。だが当時の幼い私には、兵隊さんたちの来訪の目的などまったく分からなかったし、分かろうともしていなかった。ただ立派な兵隊さんたちが伯父の家にやって来たと聞いただけで嬉しくて、いさんで会いに行ったのだ。髭を生やしたかなり年配の兵隊さんが、ひときわ目立つ立派な軍服を着て、腰に立派な軍刀を下げて、にこやかに伯父と語らっていたような気がする。たぶん一番偉い兵隊さんで、やって来ていた兵隊さんたちの大将だったのだろう。

縁側のようなところに座り込んでお茶を啜っていたと思うが、私の姿を認めるや、坊や大きくなったら何になりたいんだいと声を掛けた。私は一瞬にして直立不動の姿勢を取り、右手を額の付近に上げて敬礼、小父さんみたいな兵隊さんになるんだと答えた。それははっきりと覚えている。と、その小父さんは、坊や良い子だと言ってほめてくれて、頭をなでてくれたような気がするが、その余のことはまったく思い出せない。いずれにせよ兵隊さんたちは、あの時期、あの地に飛行場を建設することなどとうてい無理だと判断したのか、その計画は実行されず、二度とやって来ることはなかった。あの出来事はいつのことだったのか。いずれにせよ私たちが田圃の畦《あぜ》道《みち》かどこかで、B29の編隊を見上げていたころのことだったのだろう。つまり二十年の初春のころで、そのころに私と母はあの村に行っていたということなのか。あのころから村では時おり、兵隊さんに取られていた何とかさん家《ち》の若者が、どこかの戦地で死んだといった噂が広がっていたような気がする。誰のことだかまったく分からなかったが、あの村にも戦争は確実に押し寄せていたのだ。

甲府空襲の後、母と私は村でしばらく過ごしてから、もっと安全だろうと父の郷里信州に一時疎開した。その一時期を除き、昭和二十年の末までは母の実家で過ごしたはずだ。祖母が中心になっていた切り盛りされていたあの時期のことが、たぶん一番記憶にあるのだろう。祖母は丸顔でいつもニコニコしていた。もう腰も曲がり気味で、小さくて可愛いおばあちゃんだった。あの当時はまだまだ七十九歳くらいで、まだまだ元気に一日中動き回っていたと思う。そして母や光恵伯母にいろいろ指図して、家事をてきぱきとさばいていたような気がする。

光恵伯母はと言うと、いつも寝坊で、というか私がおはようと声をかけに庭伝いで部屋の所まで行くと、目を覚ましてはいるのだが、布団の中でうつぶせに寝ていて、搔巻《かいまき》を纏《まと》って上半身だけを起こし、キセルでたばこをくゆらしているのが常だった。一服終わると、燃え終わったタバコ葉の残りかすを、トントンとキセルをたたいて下に落とし、キセルの先端部の雁首におもむろに新しい刻み葉を詰めこむ。そしてマッチで火をつけ、ほんとにおいしそうにスーッと吸い込む。その後伯母さんの口から白っぽい煙がふーっと吹き出される。それを何回も繰り返し、やがて先端部の火が消えると、同じことをまた繰り返す。面白そうにじっと見ていると、伯母さんは私に何か声を掛けて、たまには煙で丸い輪を作ったりして喜ばせてくれた。母の実家には戦争が終わってからも何回となく訪ねているから、伯母のキセルを離さないあの姿は、いったいいつごろ見たのだろう。暖かそうな搔巻に身を包んでいたのだから、秋から冬といった季節だったのだろう。そもそも母の故郷には一体どのくらいの期間、何回滞在したのだろうか、それさえもはっきりとは思い出せないのだ。

なにしろ一番長くあそこにいたのは、昭和二十年という年だったことは間違いないが、何月から何月までだったといった細かい点はすべて霧の中、正確にはさっぱり思い出せない。最も明確に思い出としてあるのは、はるか上空をB29の編隊が何度も通過していったことだ。一番多いときは確か九六機まで数えていたが、疲れてしまいそれ以上数えることをやめたと思う。もしかしたら、あれは東京大空襲が行われた日だったのではないだろうか。あの時も山梨上空から東京をねらって日本に侵入してきたはずだ。とするとあれは昭和二十年三月八日のことだったかもしれない。その時私と母は、たまたま甲府から実家のほうに遊びに行っていたということだろう。甲府に借りていた家が七月の空襲で焼け、その後私どもは母の村に移ったということだとしたら、いったいいつからいつまで甲府で過ごし、いつからいつまで母の村で過ごしたのか、いくら考えても正確には分からない。まして父の故郷の信州で八月十五日の終戦を迎えたことが記憶にあるから、その後再び山梨の戻ったのはいったいいつだったのか、それもさっぱり思い出せない。だから光恵伯母のキセルを離さぬあの姿は、いつ見たことで最も忘れがたい印象となったのか、いや何回も何回も繰り返し見ていた姿だったのか、それすら定かではない。

いずれにせよ昭和二十年の秋から年末にかけての三～四か月、母の故郷で過ごしたのは間違いない。とすれば母の故郷に関しては、その時期のことが一番色濃く記憶に留まっているはずだ。務伯父の所には、私よりちょっと年上の巧《たくみ》ちゃんと一つ年下の定《さだむ》ちゃんがいた。もう一人男の子がいたがずっと年上で一緒に遊ぶことはなかった。そして一番上のお兄ちゃんのさらに年上にお姉ちゃんがいて、お兄ちゃんと巧ちゃんのあいだにもう一人女の子がいて、そのお姉ちゃんたちとも歳が離れているうえに遊びの関心も違うから、というよりも、もう一緒に遊ぼうといった歳ではなかったからだろう、ほとんど交流はなかった。だから我々三人で、そして歳の近い近所の男の子たちも何人か加わって、いつも遊んでいたように思う。村には小さな川というか、用水路と言ったほうが正確なのだろうが、澄んだ水の通路がいたるところにあって、各家の傍らの道路わきを、つまり家と道との間を縦横に流れていた。それは生活用水でもあったのだろう、水辺で洗濯をしている女の人たちをよく見かけたが、しかし水は家々の近くにある水田へとすべて通じていたから、何よりも農業用水として役立てられていたのだろう。水辺には水草が生え、その草の先端にお羽黒トンボが止まっていたりした。流れの傍ら、家々の垣根の根もとには、秋、彼岸花が一列になって咲いているところもあった。あれには毒があるから匂いを嗅ぐと体に悪いぞとか言われ、その花を見つけると息を止め、全力で走り抜けたものだ。あの花には匂いなどほとんどなかったのに、いったい誰がそんなことを言ったのか。そういえばどこかの畑にトマトが真っ赤に熟れていたが、あれは気違いナスだ、食べると気が触れるぞといった話も聞いて、ひどく怖かったのを覚えている。村の子どもたちの間ではそんな迷信めいた話が、いくつも語られていた。

食べ物といえば、務伯父の所ではいろいろの果物を作っていた。戦争が始まる前は大きな温室がいくつもあって、そこでメロンを栽培していたそうだ。そのメロンはとても上質で東京の千疋屋に出していたのだよと、自慢気に語られていたのを覚えている。ところが日本への空襲が始まると、温室は太陽に反射し上空からの恰好の目標にされてしまう。だから全部つぶすようにと軍から命令されたのだとか。だから私が疎開したころには温室は一つもなく、メロンも作られてはいなかったと思う。それに代わる果実が栽培されていたはずで、伯父の所に行くと子どもたちにも桃が出されることがあり、いつも素晴らしくおいしそうに見えた。見えたと言うのは、それを他の子どもたちが食べているのを見たというだけだったからだ。私は体が弱くてしょっちゅう下痢をしていたから、和磨は食べないほうがいいよと言われ、いつも別の果物を食べさせられていた。何が出されたかは覚えていないが、リンゴあたりだったのだろう。そういわれても仕方ないと自分でも納得するほど、私はしばしば病気をした。

これもいつのことだったかは分からないが、母の故郷でひどく熱を出し、何日も寝かされていたのを覚えている。寒い季節だったことはまちがいないから、昭和二十年の晩秋から初冬にかけての時期だろう。母の実家の薄暗い一間に布団を敷いて、その中に横たわったまま薄汚れた天井をじっと見上げていた。母はもちろん祖母や伯母がひっきりなしに様子を見に来て、たぶん水で濡らした手ぬぐいか何かを額に乗せ、頭を冷やそうとしてくれただろう。何日間熱が続いたのか、医者を呼んでくれたのか、そもそもどんな病気だったのか、たぶん風邪がひどくなっただけだったのだろうが、詳しい出来事は覚えていない。ただし熱が続いた何日目かの夜、敬三《けいぞう》さんという小父さんがお祓いをしに来てくれたのは覚えている。敬三さんの家は母の実家の西がわ、水路と道を挟んだ真向かいにあった。その小父さんは実家の細々《こまごま》とした仕事の手伝いをしに、ひっきりなしにやって来ていた。祖母と伯母との女所帯になっていたから、力仕事を引き受けてくれていたのだろう。この小父さん、かつて修験道のような修行をしたとかしなかったとか、いずれにせよ悪い病気を追い払う能力があると信じられていて、あの時私を助けにきてくれたらしい。寝ている私の頭上で、何やら厳かに唱えながら、御幣のような物の付いた棒を一生懸命振り回してくれた。しばらくそんなことをやってから、もう大丈夫、すぐ良くなるよとか言ってから帰ったはずだ。その後さほど時を経ずして、私はそのとおりに治ったから、敬三小父さんのお祈りがすごく効いたのかもしれない。

たぶん、熱にうなされていたあの時期だったと思うが、不思議な夢を見たのを覚えている。それは空を飛んでいる夢だった。巧ちゃんと定ちゃんと三人で村の上空を、手や足を時おりばたつかせながら、悠々と飛んでいるのだ。村の家々や、その周りの木々や、用水路や、細い道や太い道、見慣れた光景がかなり上方から眺められて、面白くてたまらなかった。すーっと落ちそうになるとまた手や足をばたつかせる。と、ふわーっと上のほうに舞い上がってゆく。だからどこまでも飛んでいける。やがて日頃見ているはるか遠い山並みの付近にまで行ってしまった。と、そのとき私は、傍らに見知らぬ女の子、二歳くらいの女の子が一緒に飛んでいるのに気付いた。いかにも楽しそうににこにこ笑いながら、私たちの近くを漂っている。私たちと同じように時々手や足をばたつかせて、どこまでも後を追いかけてやってくる。いったい誰なのだろう、いつもの遊び仲間じゃないしと、巧ちゃんか定ちゃんに聞こうとしたら、二人の姿は消えていた。いったいここはどこなのだろう、どこら辺まで来てしまったかとあたりを見回していたら、その女の子も消えてしまった。突然不安になってはっと気づくと、暗い部屋の布団の中に相変わらず寝かされていて、もう熱はなかったのかもしれないが、じっとりと全身に寝汗をかいていた。

敬三さんといえばとても優しい人で、子どもたちにいつも何かをくれていたような気がする。

だから、母の実家の道ひとつ挟んだ西側にあった敬三さんの家にも、しばしば遊びに行っていた。家の中まで上がりこんで、東側にある土の道路に面した出窓から、みんなで交替に飛び降りて遊んだことがある。窓は道から、せいぜい一メートル二十センチぐらいの高さだったと思うが、当時三歳から六歳くらいだった私たちから見ると、かなり高いものだった。私たちは、歳の上の者からその窓枠に足を掛けて、下の道路めがけて次々と飛び降りていった。それを見て年下の男の子も真似して飛び降りるのだ。一応全員が飛び降り終わると、また順次同じことを繰り返した。道路に落ちたときの衝撃はさほど大きなものではなかったと思うが、何度目かを試みていたとき、定ちゃんが地面に降りたとたんわっと泣き出した。見ると口の端から少々血を出していた。舌を切ったぞと誰かが叫んだ。舌を歯でかんでしまったらしい。私はかねて、人は舌を切り落とされると、息ができなくなって死んでしまうぞと聞いていたから、大変だ、定ちゃんが死んでしまうと、凍りつくような気分になった。どうしよう、どうしようと戸惑っていたら、おそらく巧ちゃんが家人を呼びにいったのだろう、間もなく大人がやってきて定ちゃんを連れていった。でもその日は一日中、定ちゃんのことが心配でたまらなかった。翌日、何事もなかったかのように、定ちゃんがまた遊びにやってきて、私は心底ほっとした。でも、いまから思うと敬三さんの家の窓には、どうやって上っていたのだろう。確か室内からだとあの窓の高さは低く、幼い私たちでも十分上れたと思う。でも飛び降りるときは、裸足になっていたはずだから、道路のほうから室内に泥のついた足のまま入り込んで、あの飛び降り遊びを切れ目なく繰り返していたのだろうか。敬三さんのお宅の部屋をどんなに汚していたことか。いちいち足をふいて室内に上っていたとは、とうてい思えない。それとも室外から、あの窓わくに足を掛けて上がることなどできたのだろうか。家の外側から窓に上っていたという記憶はないのだが。

ところで母の郷里と私の病気のことでは、もう一つ小学一年生時の夏休みを思い出さずにはいられない。そもそも昭和二十一年の正月前、私と母は山梨を離れ、埼玉に設けた新しい我が家に移った。その後昭和二十三年の夏、小学校一年生のとき、私は日本住血吸虫病の治療のため再び母の故郷を訪ねることになった。一体全体どういう経緯でそんな珍しい病気になったのか、さっぱりと思い出せないのだが、おそらくその年の夏の初め、一年生の夏休みになって早々、私は母とあの山梨の村に二年半ぶりに遊びに行ったのだろう。久しぶりに会った巧ちゃんや定ちゃんと、またあの村中を走りまわって遊んだのだろう。そして埼玉の家の付近で、そこでできた新しい友達と一緒にやっていたように、川の中にも入ったのだろう。もちろん履物を脱いで、はだしになって水遊びしたに相違ない。ところが山梨の川の底にはミヤイリガイという小さな貝が住んでいて、そこに日本住血吸虫という寄生虫がいて、それが成長して水中を漂うようになると人間の皮膚に付いて、そこから体内に入って、とくに肝臓の病気を引き起こすというのだった。戦時中あの村でお腹がパンパンに膨らんでいる子どもたちを何人も見かけたが、あれは地方病にかかった子どもだよと聞かされていた。山梨ではこの病気を地方病と呼んでいて、時には死に至る病として恐れられていた。疎開中は、私が幼かったからだろう、村中を流れていた小川の中に足を踏み入れたことはなかった。ところがこの一年生時には、すでに埼玉でやっていたように裸足になって水の中に入り、案の定、かの地方病に罹患してしまったらしい。

ただし以上はほとんど推理しただけであり、あの時期の記憶といったものではない。はっきりと覚えているのは、小学校一年生の夏、埼玉の家で発熱し、やがてかなりひどい黄疸を起こしたという事実だ。白目の部分も黄色く変色してしまった。肝臓を悪くしたということで、母は毎日のようにシジミ汁を飲ませてくれた。そして近所の二川先生の所に通院して診察してもらった。病状はさっぱり良くならなかったが、先生は何度目かの診察の時、私が山梨で遊んできたという話を聞いていたことから、次のようなことをおっしゃった。調べてみたところ、これはどうも日本住血吸虫病というやつらしい。大学で病状などは教わったが、しかし治療法についてはさっぱり分からない。山梨には間違いなく専門医がいるはずだから、山梨にまた行ってこの病気治療の専門医を探し、適切な治療を受けてきてほしい、と。そこで母は急遽私を連れて山梨に戻り、祖母や伯母はもちろん近所中の人に尋ねたのだろう。患者があちこちにいる地だったから、専門的に治療してくださる先生はすぐに見つかった。母の村から一里近く離れたところで開院していた杉浦先生だ。

あの夏、どのくらいの期間だったのだろう。母の実家から一日おきぐらいにだったろうか、杉浦先生の所にまで歩いて通っていった。炎天下だったような記憶があるが、たぶん朝早く家を出て、午前中に往復したのだと思う。それでもあたりの風景は強い真夏の光で真っ白に輝いていたような気がする。きっと水筒に水を入れ道々それを飲みながら、少し行っては木陰で一休みするといった具合に歩んでいったのだろう。道は北のほう甲府に向かって進んで行く。田舎の道ゆえかなりくねくねと曲がっているから、実際の距離よりも長く感じることになっただろう。両側には田圃が広がっていたが、所どころ農家が点在し、木々があって影を作っていた。森のような大きな影の中に入るとホッとした。農家の庭先には松葉牡丹、鶏頭、ダリアといった赤、黄、オレンジ等々の色鮮やかな花々がいっぱい咲いていた。そんな光景を見ていると気分はいくらか軽くなる。でも、だんだんと病の体は重くなる。たぶん二度目の通院の時だったろう、途中、牛に車を引かせて荷物を運んでいる小父さんと出会い、同じ方へと行くのだと分かると、坊やこれに乗っていくといいよと言ってくれた。私は牛車の最後尾、荷の置いてない隙間のようなところに腰を下ろし、医院の近くにまで運んでもらって、今日はずいぶんと楽だったなと思った。そんな良い思い出がもう一回あったような気がするから、きっとあの牛車の小父さんとは、もう一度出会ったのだろう。全部で何回通ったのだろうか。先生の所ではいつも太い静脈注射を打たれた。そして採血もされた。何度目かにもうすっかり治ったよ、通ってこなくても大丈夫だよと言われて、子どもにとってまるで苦行のようなひと夏が終わった。

あの夏のことだったろうか。光恵伯母がキセルの掃除をするのを見た。キセルの吸い口と刻みタバコを詰める雁首とをつなぐ竹製の管は、中間部で外れるようになっている。だからキセルを二つに割って、吸い口の部分と雁首の部分それぞれに細い竹の棒のようなものを通し、中にたまった脂《やに》を掻きだしキセルの通りを良くするという作業だ。それを丹念に時間をかけて伯母はやっていた。なんだかとても楽しそうで見とれてしまった。そして伯母さんは本当にタバコが好きなんだなと思った。なぜあれが夏の光景だと判断するかというと、あの作業をやっていた伯母さんは片肌脱いだ薄着姿、上半身裸に近い姿だったような気がするからだ。暑い季節だったことは間違いない。ただし、もっと前の昭和二十年の夏の思い出かもしれない。

地方病治療に行っていたあの昭和二十三年、九月初めに始まる小学校の二学期には間に合ったはずだから、おそらく長くても三週間ほどで杉浦先生の治療は終了し、帰宅したのだろう。一日おきに行っていたという記憶が正しければ、合計七～八回、あの暑い道を通ったはずだ。埼玉に帰宅後、それほど時をおかず二川先生に報告に行った。先生は自分の見立てに間違いなかったと大変喜んでくださった。もう何十年も前に亡くなられた先生だが、その慧眼には今でも感心し、感謝するほかない。

母のふるさとには、それからどれほど行っただろうか。かなり長く無沙汰することもあった。そんなおり母はよく寝物語に、むかし母自身が聴いたという村にまつわる話をしてくれた。それらの中で面白く思ったものを、いつしか私は書き留めるようになった。翌朝覚えていればの事だったのだが。そう、もう今ではほとんど消え去ってしまったようなあの村の、はるか昔の出来事を記憶にとどめ、はては記録し、いったいどんな意味があるのか。とはいえ、かつて生きてもう死んでしまった人々の思い出を書きとめることが、私には楽しくてたまらなかった。だからここで、もういちど記しておこう、取り留めもないそうした話のいくつかを。

昔、というのは母の幼いころの出来事だが、村で鼻茸《はなたけ》になってしまった小父さんがいて、甲府付近の病院では治してもらえず、東京の病院まで行って手術を受けたという。しかし快癒までには至らなかった。東京から戻ってきたその小父さんは眠ってしまうと、奇妙奇天烈な音を決まって鼻の奥から出すのだった。母も一度その響きを聴いたことがあったという。その小父さんの家の近くに遊びに行った時だそうだ。それは普通のいびきとはまったく異なる音で、まだ日は高いころだったというが、母やその遊び仲間みんな、それを聞いていっせいに逃げ帰ったという。後から聞くと、その小父さんが昼寝をしていて発していたいびきだった。

ところでこのいびきに関して、次のような話も残っているそうだ。

ある晩、隣村の人が旅先から戻ってきて、たまたまその小父さんの家の近くを通りかかった。まだそれほど夜も深まってはいないころであったらしいが、とはいえ辺りは、すでにしーんと寝静まっていたらしい。小川の音や虫の鳴き声しか聞こえないような時刻なのに、その家の傍らまでやって来たとき、実に何ともいえない音が聞こえてきた。それは付近に寺が二軒ある一帯で、道路脇には墓地もあったという。旅人は、呻くような、唸るような、恨むような、有無を言わさず襲いかかってくるようなその音に度肝を抜かれ、真っ青になって近くの家の戸を叩き、その家の人を起こして助けを求めたらしい。そしてまことにすまないが怖くてたまらないから、見知った道に出くわすはずの村はずれまで、どうか同行してもらえまいかと頼んだとか。起こされたほうは事情を聴いて笑いが止まらない。これこれこういうことで、幽霊なんかじゃありませんよと説明。その旅人、それなら大丈夫、一人で行きますと言って去っていったという。

次は母の父、つまり私の祖父の友人が、甲府かどこかへ行った帰り道での体験話である。もう日はとっぷりと暮れていた。村まで辿りつき、例のいびき小父さんの家のそばにある寺の所までやって来ると、その墓地の中から明かりが漏れていた。人影があり何かざわついていた。興味にかられて入って行くと、何人かの警官が何やら現場検証のようなことをやっていた。じつは墓を暴いて死人が身に付けていたものを盗んだ男がいて、そいつが捉えられその場に立ち会わされて、現場を細かく調べている最中だったらしい。昼間は人の目も口もうるさいからと、そんな宵の口になってから検証を始めていたのだろう。村では土葬だったからこんな事件も起きたのだ。

ところでこれとは別の事件だが、次のような事もあったという。村で女の人が死んだ。その人はたぶん結婚して間もない人だったのだろう。憐れんだ家族は、その人が身につけて嫁にやってきたおりの花嫁衣裳姿で死者を土葬したという。あの花嫁衣裳は大したものだった、もったいないことをするな等々、口さがない村人たちは言い合ったらしい。そこに、埋められたばかりのその女の人を墓から暴き出し、花嫁衣裳を頂戴しようというちゃっかり者が二人現れた。ある夜墓地に出かけ、ことは順調に運んだらしい。が、いざ棺の蓋を開け中を覗き込んで見ると、死者はごく普通の衣装しか身につけていなかったという。豪華絢爛たる花嫁衣裳の噂は、いったいどこから生じたのだろう。このお二人さん、死者の指にはめられていた指輪と、口をこじ開けてであろう、歯にかぶせてあった金とを失敬して逃げ去ったらしい。だが悪運つたなく、たちまち御用、その晩、現場に同行させられて検証に立ち会わされていたのだ。顔見知りの警官は祖父に事のいきさつを説明してから、突然言ったという。「林田さん、後ろに気を付けてくださいよ。寄りかかったりしないようにね」と。ひょいと後ろを振り向くと、そこには墓を暴かれたくだんの仏さんが、いかにも恨めしそうに立っていたという。そばにある他人の墓石に立て掛けられていたのだ。死後何日たっていたか分からないが、死臭はなかったという。ただ体はすでにコチコチになっていた。さすがの祖父も、その姿を、提灯か懐中電灯の薄明かりで見たときには、ぞっとしてしまった。もう一人の連れと、そそくさとその現場から家のほうへと逃げ帰ったという。

こうした話は、明らかに母が幼かったころ、自分の父、つまり私の祖父から聞いたものに違いない。一方、自身が幼いころに体験したという古い思い出話も母はしてくれた。よく覚えているのは次のような出来事。

母がまだほんの幼なかったころ、おそらく三歳ぐらいのとき、赤い鼻緒の下駄をはいて隣の家の庭先に、何人かいた姉の一人に手をひかれ、連れていかれたことがあった。夏だったのだろう。その家で素麺《そうめん》をご馳走してくれた。ところが何かのはずみで長くて細い素麺が一本、母の足の上に落ち、ぺったりとくっついてしまった。と、母はそれを細長い虫がへばりついたのだと思い込み、火のつくように泣きだしたという。怖くてたまらなかったのだ。隣りの小母さんは、かんにんね、かんにんね、小母さんが悪かった、ちっとも怖くはないからねと、さかんにあやしてくれたとか。何年たってもそんな些細なことを覚えているとは、よほどショッキングな体験だったのだろう。そうした恐怖体験のようなものは、いつまでも記憶に残るのだろうか。

母がもう少し大きくなって、小学校に上がるか上がらないかといったとき、大正初めのころだったらしいが、あの村に、小さいながらもキリスト教の教会ができた。日頃は村の誰かが責任者となって運営していたのだろうが、たまには外人の牧師さんたちもやって来て、その人たちはカタコトの日本語しかできなかったから、きまって通訳の石井さんとかいう女の方が付いてきた。祖母はその方を「お通じさん」と呼んでいたそうだ。その牧師さんとお通じさんから、村の子どもたちはさまざまなお話を聞かされた。クリスマス・イヴの晩には、子どもたちは祭壇の前に出され、「われらは……のパンなり」といった文句を、意味も分からずに唱えさせられた。と、集まってきた親たちが一斉に手をたたき、牧師さんがご褒美をくださった。そして春になると、牧師さんとその家族の外人さんグループがやって来て、村の桜の枝を手折り、肩にかついで甲府にある教会にまで持って帰ろうとした。子どもたちは村はずれまでその後をぞろぞろと付いていって、気づかれぬように近づいては、ときに桜の枝に触れる。そのたびはなびらが散ってゆく。「メリーさんの花に触った」、「オレも触ってくる」。子どもたちはそんなことを言いながら、桜の枝を追いかけ、ときにはそれを担いでいるメリーさんにも触る。するとメリーさんは、「アッ、ピックリシタ！」と声を上げる。それが面白くて子どもたちは代わる代わる触りに行く。しまいには、枝にはほんのわずかのはなびらしか残っていない。それに気づいて外人さんは、「アナタタチ、イケマセンネ」と怖い顔をする。子どもたちはワーッと声を上げて一目散に逃げる。それを見て牧師さんたちはニコニコ笑う。子どもたちも、かなり離れたところまで行って後ろを振り返り、そうした外人さんたちの表情を見て、やはりニコニコ笑う。母は子どもたちの中心にいて、いたずらを主導していたようだ。ところで、と母は語った。あのお通じさんの一人息子が、優秀で帝大を卒業したというけれど、その後急性肺炎でぽっくり亡くなってしまったのだよ。しかし石井さんは、「神様の所に召されたのです」と言って、少なくとも人前ではちっとも取り乱す様子を見せなかったから、「信仰をもっている方はさすが違うね」と祖母が言ったとか。そのとおりだと思ったね。あの石井先生の細縁眼鏡の顔や、教会で教わった讃美歌の歌詞など、いまでもありありと思い出せるよ。あの教会はね、もう五十歳を越えていたらしいあの牧師さんが亡くなったあと、誰も来る人がいなくて、村でも財政上支えきれなくて、とうの昔に解体されてしまったのだよ。いまはあそこは桑畑になっているさ、と母は感慨深げに語ったものだ。もしかしたらあの桑畑のあたりかなと、私は自分の知っている村の風景を思い出しながら思った。あそこに、かつては瀟洒な教会が建っていて、そこから子どもたちのにぎやかな声が漏れていたのだ、と。

もう一つ母から聞いた中でよく覚えているのは、母が幽霊を見たという話だ。それは母の姉で、おそらく光恵伯母と澄江伯母の間にいた姉さんだったらしいが、若くしてスペイン風邪で死んでしまったという。私たち姉妹の中で一番綺麗な姉さんだったのよと、話をするたびに母は繰り返した。ある日母が昼寝をしていてふと目を覚ますと、死んだはずのその姉さんが目の前に立っていた。場所はと言うと実家の寝間だったと言うから、私が熱を出して寝込んでいたあの部屋だったかもしれない。何もしゃべらずその姉さんは、ふすまを背にじっと母を、悲しそうで寂しそうな表情で見つめていた。あら！姉さんと、声を上げ起き上がろうとしたら、その姿は音もなくすっと消えた。家中の者にそのことを話すと、皆、あんた寝ぼけていただけじゃないのと取り合ってくれなかったという。でも間違いなくほんとに見たのよと、母は私に対し力説した。私は、母の言うことなら何でも信じる年ごろだったが、その話だけは真否が分からない、母は本当に幽霊を見たのかもしれないし、そう錯覚しただけかもしれないと思った。そもそもその伯母さんの名前も、死んだときの年齢も、母とはいくつ違っていたのかも聞き忘れた。で、真相はいまもって不明。おそらく母が小学校上級生、その母の姉さんは中学生、輝くばかりの若さに溢れた人生でも最も美しい盛りの時、悪疫に命奪われてしまったのだろう。だから母にとってその姉は、大勢の姉妹の中で一番美しかった姉として今でも留まり続けているのだ。私は勝手にそんなふうに想像する。

幽霊話のような気味悪い話と言えば、もう一つ幼い母が人から聞いたという話を覚えている。それは母の村で実際に起きた事件を巡る出来事だったそうだ。夏になると甲府郊外のとある河付近に、数多くの蛍が出現したという。源氏蛍と平家蛍の二種類で、どういうわけか必ず両者の喧嘩が起き、文字どおりの源平合戦をやったのだ。その時期、母の村からも若者たちが、その河原に向かって何キロかの道を歩いて見物に行ったという。二群れに分かれた蛍たちが、河の中ほどでぶつかり合い、光の渦となってもつれ合い、一塊になってバタバタと水面《みなも》に落ちてゆく。互いにかみ合い、殺し合ったのだろう。水面に落ちても、その青白い光はすぐには消えず、波の随《まにま》に漂い、一つまた一つと闇の中に沈んでいく。彼らの命自体が消滅してゆくのを暗示するように。空中では相変わらず激しい戦闘が続けられている。夏の風物詩として、近郊では名だたる呼び物となっており、母の姉たちが、あの若くして病魔に命をさらわれた姉も含めて、村の遊び友達とともに長い道もいとわず見物に行ったのだというが、母は幼かったからだろう、連れていってもらえず家に一人残っていた。だから蛍合戦の様子は、姉たちからの聞き伝えということになろう。が、あの晩、村でとんでもない事件が起きていたのだ。姉たちが仲間とともに、月の光を浴びながら村に戻ってきたとき、ちょうど村の入り口付近で、突如、真夏だというのにゾーとした、首筋あたりがザワザワしてしょうがなかった。全員そう感じたという。奇妙なことと思ったが、そのまま家に戻ってその翌朝、一つの事件が村中に伝わった。

蛍狩りのあったその夜、村中の若者はほとんどそれを見に出かけていて、村には母のような幼い子と年寄りだけが残っていた。ところが一人、村中から厄介者扱いされていた暴れん坊で酒飲みの若者が、宵の口なのに相変わらず酔っぱらって村に戻ってきたという。ところが村に入ったとたん、鼠小僧がやるような頬かむりした男が、物陰から不意に飛び出してきて、くだんの若者に向かって日本刀で切り付けたのだ。大声をあげさせないためにだろう、まず最初に口のあたりをバッサリとやったそうだ。「アバババババー、アバババババー」。切られた青年は、言葉にならない唸り声をあげて必死に逃げた。日本刀を振りかざし、その後をもう一人が追いかける。切られたほうは、村のとある屋敷に逃げ込み救いを求めたらしい。だがその時、その屋敷には五十を過ぎた小母さんが一人いただけだったという。アバババババーという叫びとともに、台所の戸があまりにも激しくたたかれるので、何事かと想い細めに開けてみると、顔から胸のあたりを真っ黒に汚した男が、訳の分からぬ声を上げ、戸に覆いかぶさるようにして必死に救いを求めていた。その背後から、月光に日本刀をきらめかせながら、覆面した男が追いかけてくる。小母さんは生きた心地もせず、バタンと戸を閉める。それからかんぬきをしっかりと掛け、家の中で一人震えていた。やがて騒ぎは静まる。そのうち、蛍狩りに出かけていた息子や娘たちが裏手から戻ってきた。翌朝まで、表庭のほうは調べてみなかったのだという。が、朝が明けてそっちに行ってみると、庭は一面血の海になっていて、そこに一人の男がうつ伏して死んでいた。台所の板戸には両手の跡が、十本の指のしるしが、指紋まではっきり見分けられるくらい、ペットリとした血のりで残っていた。村中大騒ぎとなった。駐在所から警官がやって来る。調べてみると死んでいたのは村で名だたる酔っ払い、あんな奴死んでもらってよかったよと陰口をたたかれるような、あの厄介者だった。その家の小母さんは、そういうことが分かってみると、前夜必死に助けを求めていたこの男の、背後に日本刀をかざして迫っていたあの殺人者の姿形が、この嫌われ者の弟にひどく似ていたような気がしたという。頬かむりしていて顔はもちろん分からなかったし、うかつなことは言えないと、長いことだんまりを決め込んでいたという。警察は死者のこの弟にも一応嫌疑は掛けたらしいが、自分は蛍狩りに行っていたと言い張ったとか。が、誰もその姿を見かけたものはいなかったという。それにくだんの小母さんの証言も警察は入手しただろう。三か月間近く取り調べたらしいが、十分な証拠が集められなかったからだろう、弟は釈放され、やがて結婚し男の子が生まれたという。が、その子は白痴状態の子で、アババババーと叫ぶだけ、いくつになっても棒切れを振り回しては人を切る真似ばかりしていたという。嫌疑をかけられた弟のさらに下にも、もう一人別の弟がいたが、その青年は甲府の薬局に務めていたおり、理由の分からぬ自殺をしてしまったとか。あの家には、ろくなことは生じなかったのだ。兄殺しかと思われた弟のほうは、母が甲府の高等女学校に通うようになったころには、もういい小父さんになっていたが、たぶんアババババーを繰り返していた子の、さらに後で生まれた子どもにだろう、ある日、耳を針金でほってもらっていて傷つけられ、それがもとで破傷風になって死んだという。蛍狩りの晩に始まった家族を巡る陰惨な運命を考えると、幽霊を見たという話よりも、よっぽど恐ろしい話のように感じた。

　ところで日本刀で人を切るという話では、さらに古い時代、祖父から聞いたと母が語ってくれた話がある。

　そのころ、駐在所のなかったあの村では、用心棒として新平民出の男を雇っていたという。村のはずれに住んでいて、給与代わりに村人たちから順繰りに米をもらい、巡回しては治安の維持にあたるという仕事に携わっていた。雪の降り積もったある晩、盗賊が一軒の家に入った。大騒ぎとなり、村人たちはまず最初に、部落出のその男の所に駆けつける。用心棒として暮らしているだけあって、腕のほうは相当のものだったらしい。日本刀をぶらさげ、賊の押し入った家のほうへと駆けだしてゆく。と、ちょうど逃げようとしていた盗人と出くわしてしまったとか。その賊のほうも日本刀を携えていて、その場で壮絶な切り合いが行われたらしい。翌朝母の父、つまり私の祖父らが行ってみると、真っ白な雪の上に一面真っ赤な血が広がっていて、そこに村の用心棒が倒れていて、すでにこと切れていたという。その死体の付近から、さらに転々としたたった血の跡が、雪の道遥か彼方まで続いていた。辿ってゆくと、とある家の物置の陰に見知らぬ男の死体が倒れていた。盗賊のほうだった。辺り一面すさまじい血の海で、それがまた実に鮮やかだった。祖父からその話を聞いたとき、母はまだ四歳になったかならぬ頃だったという。

こうした話を母から聞くたびに、昔話というものは、一家の中で父や母から子へ、そして子から孫へと語り継がれてゆくものなのだなと思う。右に引いた最後の話は明治中頃の出来事なのだろうか。まるで時代劇で語られる、つまり江戸時代の話のような感じがする。実際に私が疎開で暮らしたあの村の雰囲気を考えると、電灯もありラジオもあるといった近代生活を享受し、そして何よりも近代兵器の華であろう敵機Ｂ29を頭上に何度も眺めたりはしていたが、村にある屋根の多くは茅葺だったし、人々は小川で洗濯したり、脱穀機等人力の機械で収穫にいそしんだり、牛をつかって田を耕したり、鎮守の森のほか鬱蒼と茂る林や森が各所にあるのに、街灯はほとんどなく、夜はどの道も家の明かり以外に照らすものなく真っ暗で、そうした思い出の中では、江戸時代の雰囲気とさほど隔たっていないような気がするのだ。聞こえる種々の音のほうも、鳥たちの鳴き声や、昆虫たちの立てる音や、動物たちの呻きなども、川の音、風の音にまじって夜はとりわけくっきりと心の中に浸みてきた。ああした世界では非日常的なおどろおどろしい話も、ごく自然に生まれ、少しも不自然には感じられなかったのだろう。幼いころ、母の故郷を体験したということは、私にとってまことに有益だったに違いない。やや常軌を逸した奇想天外な話も頭から否定することなく、聞く耳を持つといった態度が自然に身につけられたのだから。

小学校一年時、地方病治療のためにかの地に行って以降、私は時たまにしかあの村を訪れなかった。訪ねてもほんの短い期間で、でもそのたびに村がどんどん明るくなってゆくのに気づいた。街灯が設置されていっただけでなく、まず何よりも村の木々が少なくなっていった。伯母が死に、次いで祖母が死んだあと、そう二人は私が小学二年生ごろと四年生ごろ、次々と亡くなってしまった。二人の葬儀に参加したかどうか、はっきりとは覚えていない。母だけが赴いていったときもあったような気がする。何年か後、久々にかの地を訪ねると、母の実家もなくなっていて、平らな土地となっていた。母とともに山梨に赴くとき、それからはほぼきまって、甲府にいた澄江伯母の家に泊まった。いつのことだったか全然覚えていないのだが、ある時誰かが、というのも澄江伯母ではなく、務伯父の配偶者、喜美伯母さんだったような気もするからだが、誰かが母と次のような話をしているのを傍らで聴いていたことがある。

その話によると、光恵伯母さんには若い頃、心から好きだった男の人がいたそうだ。しかし家から、つまり祖父からということだろうが、どういう理由からかは分からないが、一緒になることを絶対に許してもらえなかったという。家柄が合わないとか、たぶんそんな理由からだったのだろう。と、伯母はその男の人と駆け落ちしてしまった。当時のことだ。村中で大騒ぎとなるような出来事だったに違いない。どんな陰口がたたたかれ、どんな批難が湧き起ったことか。あの狭い村に伯母は長いこと帰ってくることができなかった。だがある日突然、小さな女の赤ちゃんを連れて家に戻ってきたのだとか。あの子が生きていたらねえ、と母たちは語っていた。その子は三歳になるかならないかで亡くなったらしい。どんな原因で亡くなったのか、そもそも駆け落ち相手がどうなって、それからまたどういうことで実家に戻るほかなくなったのか、細かい話はまったく聞かなかった。光恵伯母さんは相手の男に捨てられたのだろうか。それともその人が戦争に、とはいってもたぶん時代からして、私もかすかに知っているあの太平洋戦争ではなく、その前に何年も続いていたという中国大陸の戦争にでもとられ、戦死してしまったのだろうか。当時の私でもそういうことが想像できたのだが、しかし母たちのしている話に興味をもっていると気づかれたら、子どものくせにと怒られそうで、ほとんど無関心な様子を装い、傍でじっと聞いているだけにした。子どものころの私が、いつもやっていた態度だ。

だから事の真相はまったく知れないのだが、もっと大きくなってからは、光恵伯母さんの気持ちを推し量れるようになった気がする。伯母さんはおそらく口さがない村人たちの目をさけるようにしながら、たった一人のわが子、自分が必死で愛した男の人の唯一の忘れ形見、その女の子を守り育てようと死にもの狂いで生きたのだろう。あの祖父の家の奥の一間で。しかしその子も死んでしまった時、伯母さんの悲しみはいかばかりだったろうか。あの伯母さんがかかえていた深い悲しみを、やがて私も知ることができるような齢となった。きっと底知れぬ寂寥感を抱え込みながら伯母さんは生きていたのだ。そしてある時、ふと思い出した。母の実家で熱を出して寝ていたときに見た夢で、一緒になって空中を泳いでいたあの女の子のことを。そして思った、あれはきっと伯母さんに連れられて村にやって来て、ほんのわずかしか生きることなく死んでしまったあの女の子に違いないと。幽霊さえも出てきそうなあの村で、現実では会うことの叶わなかった自分の従兄弟たちと、あの子は夢の中、ほんの一時《いっとき》でも遊んでみたかったに違いない。そう解釈し、この世で知ることのなかったわが従姉と、間違いなくあの夢の中で出会ったのだと私は信じている。

我が家の情景

一人っ子だった私はいつも家の庭先で遊んでいることが多かった。その日も庭の土に棒切れか何かで単純な絵を描いては、時間のたつのも忘れていたのだと思う。あのころ、丸や四角や三角やらを描き、そしてそれらを組み合わせて家や山々や畑みたいな風景を描いて、私は一人楽しんでいることが多かった。その時だった。二人の若者が道路に面した入口から、庭のほうへと入ってきた。あ、ここなんだと、どちらかが言った。それは家から、一〜二キロほど離れたところにあった旧制浦和高校の学生さんたちだった。二人の服装を見たとたん、子どもの私にも分かったのだ。きっと典型的な旧制高校生の姿をしていたのだろう。制帽をかぶりマントを羽織り、もしかしたら朴歯の下駄も履いていたかもしれない。そのときの姿を定かに思い出すことはできないのだが、このお兄さんたちは浦高生だと即座に分かったのだから、きっとそうした恰好をしていたのだろう。お兄さんたちは玄関に至ると、家の中へと声をかけ、母がすぐに出てきて話が進んだ。二人は我が家に下宿することとなった。

私は、このお兄さんたちが離れた地からやってきていて、学校に通うのに適した場所に下宿しようと家探しをしている最中、たまたま我が家を見つけ跳びこんできたのだと、かなり長いこと思いこんでいた。でもそんなことではなかったらしい。ずいぶんと後になって知ったのだが、しばらく前から父が家に戻ってこなくなっていて、広い家に私と二人きりで暮らすのが不安になった母が、当時は戦後の物騒な世の中だったから、浦和高校の事務局に行って、学生さんたちを下宿させたいので部屋探しをしている方を紹介してくれと頼み、家の位置を示す地図を置いてきていたという。だからこのお兄さんたち、事務局で教わって我が家を訪ねて来たのだ。一人は岩手県盛岡出身の吉川さん、ほっそりとした方だった。もう一人は佐賀県唐津出身の新村《にいむら》さん、丸顔で確か眼鏡をかけていたように思う。食事は付けないで部屋貸しをするだけということで下宿代も決まり、二人そろってすぐに引っ越して来て、一番奥の六畳間に入った。昭和二十二年九月か十月の出来事だったと思う。私が六歳半になる直前のころだった。

こうして一人っ子だった私に、かりそめの兄たちのような存在が生まれた。昼間は二人とも学校に行っていたから、家の様子に変わりはなかったが、夕方になるとお兄さんたちが次々と戻ってきて、自炊をやっていたのだろうか。部屋の中で細々と火を使ったのか。それとも庭先で料理したのか。そもそも二人が家へ出入りするのに玄関を使っていたのか、それとも奥の部屋に面した庭先から出入りしていたのか、それさえも覚えていない。ただどちらかのお兄さんに、和磨ちゃん食べてみないかと、ある日奥の部屋に誘われ、そこに置いてあった鍋の中から玉ねぎと肉の混じった煮物を一口つまませてもらったことがある。脂っこくてかなり甘い味の料理だった。たぶん豚肉の脂身だったのだろうが、肉を食べるなどというのはめったになかったから、結構おいしいと感じた。だからいまでも忘れないでいるのだろう。夜になるとお兄さんたち、家のあたりはまだ相変わらずしょっちゅう停電していたので、灯りが消えない鉄道の駅まで本やノートを持って出かけていったものだ。その時使うために、長さ一メートル余り、幅四〜五十センチの板の両端に直径五ミリほどの穴をあけ、そこに紐を通して首からかけられるようにした、いうなればポータブル机のようなものを作って、それを携えて行くのを常としていた。この紐付きの板、ずいぶん後まで我が家に残っていたが、一枚だけだったので、二人が電燈の明るい駅まで一キロ余りの道を交互に通っていたのか、それとも二人一緒に出かけていたのか分からない。が、いずれにせよ、まじめで勉強熱心だったあのお兄さんたちの思い出の品として、私が大学生になった頃にもまだ家に残っていて、時々物陰から取り出しては懐かしい気分で眺め、勉強に励まなくてはと思ったりした。

母は食事は出さないと決めていたのだが、私たちの過ごしていた居間のほうに、時おりは二人を呼んでお茶やお菓子を、そして冬にはよくミカンを出していたと思う。二人はそんな時、自分たちの故郷の話などをしてくれたはずだ。唐津の話を聞いた覚えがあるが、間違いなく新村さんが語ってくれたに違いない。海がきれいで魚がおいしいし、山も近くてお城もあるし、いや、もしかしたら、かつてお城があったという話だったのかもしれないが、それを聞いて、なんだかとても素敵なところだな、いつか行ってみたいなと思ったのを覚えている。しかし、今に至るまで行ったことがない。それなのに唐津と聞くと、なにか懐かしいような想いが湧き上がってくるのは、きっと記憶の底にあの話が沈み込んでいて、無意識的に心に蘇ってくるからだろう。確か新村さんは比較的小柄な方だった。当時の私から見るとお兄さんたちは、誰もがみんな大きかったのだが。吉川さんはもう少し背が高かったような気がする。盛岡の話もきっとしてくれただろう、そう、あのころの私は何にでも興味を示して、ねえ盛岡ってどんなところと、きっと尋ねたに違いないからだ。ところがその後、盛岡には何回も実際に行ってしまったから、あのころの思い出の中からは、盛岡の話のほうがすっぽりと抜け落ちてしまったのかもしれない。もしかしたら吉川さんは新村さんよりずっと寡黙な方だったので、話そのものをしてくれなかったのかもしれないが。いや、実体験の記憶のほうがやっぱり強烈だから、話のほうは思い出せないのだろう。

吉川さんは、浦高を出た後J大学の神学部に入学、のちに東北の大きな町で上位の神父さんになったという。新村さんは同じく卒業後T大学に入学、のちに社会保険庁長官になったという。ともにはるかはるか後に、まったく異なるところで別々の人から聞いた話だ。あのお二人、それぞれ資質も将来への希望もまるで異なるタイプだったのだろうが、二人ともきわめてまじめな学生で、一緒に仲良く勉学に励んでいたに違いない。私がもう少し大きかったなら、さまざまな面でもっと多くの影響を受けることのできたお兄さんたちだったろう。あまりにも幼かった私は、二人に関して、いま述べた以上のことは覚えていないのだ。しかし星の数の話をしたのはあのころのことだっただろうか。夜、空を見上げながら、傍らにいた年上の誰か男の人に尋ねたことは、まぎれもない事実として記憶している。ねえ、空のお星さまと川辺にある石ころと、どっちがいっぱいあるのと。そんな馬鹿げた疑問を抱くとは、まだ小学校に上がる前だったころに違いない。どっちものすごくたくさんの、それこそ数えきれないくらいの数があって、どっちが多いかなんかは分からないよと、それが受け取った答えだった。あのころ、晴れた夜には美しい星々が空一面を埋め尽くしていた。それに地上の明かりが今よりははるかに少なく、それこそ停電の夜などは真っ暗になっていたから、星々は手に取るように間近く輝いていた。だからああした質問もしたのだろうが、あの回答は一体誰がしてくれたのか、吉川さんだったのか、新村さんだったのか、それともあの方たちの来る一年あまり前、インドネシアから戻ってきて我が家にしばらくいた父方の親戚の康彦さんだったのか。あまりにも遥かな遠い時のことで、誰との会話だったのか、いまではどうしても思い出せない。

最初の下宿人だったあのお二人、いつごろ我が家を去ったのか、それもはっきりとは分からないが、少なくとも翌二十三年三月よりも前ではなかったというのは確かだと思う。そのころ、つまり二十二年秋から二十三年年頭にかけて、おそらく半年ぶりぐらいで、父が時たま我が家に顔を見せるようになった。そして下宿しているお兄さんたちに、「どうも、どうも、いつも留守をしがちで申し訳ないです。家内と息子をよろしく頼みます」とかいったあいさつをしていたのを覚えている。父は、そんなふうに突然家にやって来ては、玄関わきの書斎に置いてある本箱から、毎回何冊か判例集を取り出しては鞄に入れ、新居のほうに持ち帰って行ったのだ。弁護士業をする上で必要不可欠な本だったからだろう。ただし合わせると十何冊もあった判例集だから、一回で運び終わることなどできず、あのころは何回かやって来たはずだ。そのたび私は嬉しくてたまらず、以前と同じように夕ご飯を食べて、泊まってゆくものだと思ったものだが、たいていはお茶だけ飲んで、母とも長くしゃべることなく、それこそ必要不可欠な情報交換のようなことだけをして、父は別宅のほうに帰っていってしまうのだった。私はいつもがっかりした。

一年生になってほどないころだっただろう、というのも小学校の宿題で数の勉強をしていたところに、ひょっこり父がやってきて、何をしてるんだいとノートを覗きこみ、口を挟んできたことがあった。私がやっていたのは、さまざまな動物や魚や虫や花が何個かずつ線画で描かれて一列に並んでいるものに、指定された数だけクレヨンか色鉛筆かで色を塗るという作業だった。どれもが十個ほどあって、小鳥の列では三つ、チョウチョでは四つ、カエルでは五つといった具合に、それぞれ指示された数だけ、それにふさわしい色で塗りなさいという宿題だったような気がする。そんな単純な作業、一年生の宿題に決まっている。父は私の背後からそうした作業を覗き込んで、塗る数は間違えてないか、カエルは青じゃなく緑のほうがいいなとか、なにやかや口を挟んできた。父からなんにせよ勉強に関して教えてもらった体験といえば、生涯でこれ一回きりだったような気がする。

ところで、初めてペットとして飼った尨《むく》毛の犬ベアが、いったいいつ我が家にやって来て、あっという間に死んでしまったのか、その時期も定かではない。吉川さんと新村さんのお兄さんたちがいたころだったのだろうか。私には兄弟がなく寂しいだろうとの想いからだろう、誰かが、どこからか生まれて間もない小さな犬を連れてきてくれた。玄関の土間がかなり広かったから、そこに犬の居場所を作って、小さな木箱か何かに古い衣類でも敷いて寝かせ、そしてその箱の脇に、糞をする場所とご飯を食べるところを別々に置いていたのだろう。冬の寒い季節だったことは確かだ。そうした居場所は誰か若い男の人が、ていねいに時間をかけて作ってくれたような気がする。父だったとは思えない。母はもっぱらえさのほうを世話していたと思う。だからあの冬、もしかしたらあのお兄さんたちのどちらかが、犬を見つけて飼ってみないかと連れてきてくれたのかとも推察するのだが、正確には覚えていない。小さいながらも毛がむくむくしていたその犬は、熊と似ているということから、ベアという名前になった。誰がそう名付けたのか、それも定かでない。そんな英語の名前、母が果たして想い付くだろうか。絶対にないとは言えないが。

初めて弟分のような存在ができて、私は喜びでいっぱいだった。やれる限りの世話をし、抱き上げてはその柔らかな暖かい感触を楽しんでいた。ところが我が家にやって来てほんの数日後、たぶん十日も経たないころ、ベアの様子が急におかしくなった。息が早くなり、動くことも少なくなり、ぐったりとしていった。抱き上げると燃えるように体が熱かった。具合が悪くなって数日後、近くにいた唯一の獣医の先生に往診してもらった。こりゃジステンパーだねと言って、先生は注射を一本打ってくれたが、母には助かる見込みはないと話していったようだ。ほどなくベアは死んでしまった。だからベアとは庭で一緒に遊んだ記憶もない。玄関の土間で、小さな目で悲しそうに私を見つめて、ハアハアと荒い息をし、小さなお腹を激しく波打たせていた姿だけが思い浮かぶ。どうか助けて助けてと言葉なき言葉で訴えかけ続けていたみたいだった。それなのに助けてやれなかった。ごめんね、ごめんねと私は心の中で叫んだものだ。本当にどうもしてやれなかったのが、とてもとても悲しかった。ベアは、だから私の寂しさを紛らわしてくれるどころか、命のはかなさを強く印象づけてこの世を去った。この世に生きることの寂しさのようなものを、逆に思いきり教えてくれた。

ベアの冷たく固くなった体。それをなるべく暖かそうな布にくるみ、隣のお寺の土地に生えていたクリの木の根元にまで抱いていって、そこに埋めた。その作業をしてくれたのが父だったことは間違いない。たまたま父がやって来ていて、ベアの死を悲しんでいる私を見て、こんな小さな生き物でも死んだら仏様になるんだよ、だからお墓を作ってあげようと、埋葬してくれたのだろうか。お寺の森の片隅にあったクリの木の根元に小さな穴を掘ってそこに入れ、土をかぶせ、その上に小さな石を置き、石の脇に火をつけたお線香を何本か立て、南無南無と祈りなさいと言われて祈った。それがベアの葬儀だった。お寺の土地に埋めたことが、人間のお墓と同じようなお墓を作ってやったような気分になった。それから何年かは、その手作りの墓に何回もお参りをしたが、やがてお寺のあの土地も整地され、クリの木も切り倒され、ベアの墓は跡形もなくなってしまった。それにしてもあれは、本当にあの冬のことだったのだろうか。それともあれより一年前、昭和二十一年の暮れに母違いの姉正子が我が家を去った直後、一人きりになった私が寂しかろうと、父か母かがあの犬をもらってきてくれたのだろうか。すると一緒にベアの世話をしてくれたお兄さんは、いったい誰だったのだろう。今となっては確かめようにもすべはないのだ。

あの年の冬だったのか、それとも前年の冬だったのか、いずれにせよ寒い季節に仔犬は死んだ。私の寂しさは癒されるどころか、いや増してしまうことになった。おそらくあの昭和二十三年の冬だったろう、母は少しでも賑やかな正月を過ごそうと、学徒援護会とかいう所に手紙を出したらしい。我が家から一～二キロ離れたところに下宿していた別の学生さんたち数名を招いて、お雑煮やら何やら、正月料理といえるものをお昼に振る舞ってやったことがある。きっと吉川さんや新村さんが、それぞれ故郷に戻っていたからだったと思う。その時やってきたお兄さんたちは、食事を済ませたあと私を相手にトランプの遊び相手をしてくれた。そして決まって暗くなる前に、母にお礼を言って帰っていった。何人お兄さんたちがいたのかも覚えていない。ましてやその方々の名前など。ただ一つ鮮明に覚えているのは、確か「豚の尻尾」とかいうカードゲームをして、私が負け、悲しいやら悔しいやら大泣きしてしまったことだ。今ではどんな規則のゲームだったかさえ忘れている。ただその時、こんなに泣かれてどうしようと、困ったような表情をしていたお兄さんたちの様子が、漠然とだが思い出にある。ミカンか何かを持ってきた母に向かい、事情を話したことだろう。けっしていじわるしたのじゃありません、坊やに手加減してやらなかったのがまずかったかもしれませんがなどと。たった一日、数時間を一緒に過ごした、あのときの学生さんたちは、名前も出身地もまったく知らないまま今日まで来てしまった。

ただ母はそののちも、何かのおりに他の学生さんたちにも、そうした招待を繰り返していたので、その後やってきた方たちの中には、かなり後になっても我が家に訪ねてきてくれる人もいて、たとえばTS大学に行っていた多野宮さんは、私を自分の大学の大学祭に連れていってくれたことがあった。が、それもいつのことだったのか、今ではよく分からないのだ。

そもそもあの豚の尻尾の事件、いったいいつのことだったのだろう。そもそも吉川さんと新村さんが、我が家にどれだけの期間部屋借りしていたのだろう。あのお二人、家にやってきた翌年の昭和二十三年春、私が小学校に上がったのと同時に大学に進学、我が家を離れたのだろうか。とすると、たった半年ぐらいしか下宿していなかったことになる。それとももう少し長かったのだろうか。だがどんなに長くても、私が二年生になる二十四年の春までではなかったのは確かだと思う。二人とも同時に我が家を出ていったのだろうか、それとも少し時期がずれていたのだろうか。というのも、入れ替わりのようにして吉川さんのお兄さんの和夫さんが、我が家に下宿しにやって来たので、あのころはいつも二人のお兄さんがいたような気がするからだ。和夫さんは、すでにK大学の在校生だったという。何年かぶりの復学だったのだ。じつはこの方、学徒出陣で兵隊にとられ戦地でしばらく過ごした後、シベリアかどこかに抑留されて、やっと母国に戻ってきたところだったという。しかし戦争中の体験についてはけっして語ることなく、一度もそうした話を聞かされたことはなかった。抑留云々も弟の雅夫さんから聞いた話だったのだろう。和夫さんはこうして何年振りかで帰国、かねて在籍していた母校のK大学に戻ることとなり、通うのにやや遠いけれど、弟が下宿していた我が家にやって来たという次第だ。その来歴は間違いないと確信するが、いったいいつごろ我が家にやって来たのか、あの年の四月初めだったのか。それともその暫く後だったのか、まったく定かではない。そもそも旧制浦和高校生のお二人がいつまで我が家にいたのか、それがはっきりしないからだ。新村さんのほうの記憶があまりないのは、やはりあの春四月、T大学入学を機に我が家を去り、大学に近い東京の下宿屋に移っていったからだろうか。一方、雅夫さんのほうはもう少し長く我が家に留まり、兄の和夫さんと一緒にしばらく過ごしながらJ大学に通学、そのあと折をみて大学の学生寮に、それも特別な神学部学生専用の学生寮に移って行ったということだったのだろうか。その寮で食事するときの話を聞いたことがある。食事の間、一言もしゃべってはいけないという決まりがあるというので、本当にびっくりした。神様につかえる道を歩む学生さんたちの、修行のひとつだったのだろうか。そしてその話、和夫さんを訪ねてひさびさに我が家にやってきたおりに、してくれたのだろうか。

和夫さんは、私が小学校に上がってまもなくだったか、半年ぐらい経ってからだったか、いずれにせよやって来た。そしてほぼ同時期に、もう一人、すでにT大学に通っていた八田さんが、別の部屋に、たぶん奥の六畳間の南隣《どなり》にあった八畳間にでも下宿することになった。いったい誰の紹介で八田さんがやって来たのか。もしかしたら学徒援護会からの紹介だったのかなと今では思うが、よく分からない。いずれにせよ浦高生に代わって大学生が二人、我が家の同居人となった。こちらのお兄さんたちに関しては、いろいろの思い出がある。たとえば和夫さんは碁が上手で、二目か三目置くだけで相手してもらったような気がする。そして和磨君、小学生ながら大学生と変わらないくらい強いねなどと言われ、とてもいい気分になっていたと思う。一方将棋のほうも、いつからかできるようになっていて、小学校の三年生ごろにはさほど強くない相手とは指せるようになっていたが、いったい誰に教わったのだろう。もしかしたら八田のお兄さんに手ほどきしてもらったのではないだろうか。我が家では新聞を取っていたから、その夕刊紙面に将棋の棋譜が載っていて、分からないながらも興味深げに眺めていたような記憶がある。朝刊に掲載されていた碁のほうは、内容がある程度分かったから毎朝その棋譜を眺めていた。夕刊のその箇所を見つめていたとき、和磨君、将棋も分かるのかいと八田さんが声を掛けてきて、ううん、分からないけど面白そうだからとか答えたら、それじゃ教えてあげるよとか言って手ほどきをしてくれたのではないだろうか。和夫さんは碁の相手と決まっていたし、私が将棋を覚えたのは、吉川さんの雅夫さんや新村さんのいた時期、つまり小学一年生になるかならぬかのころよりも、かなり後だったのは間違いないからだ。とすると八田さん以外に教わることができた人がいただろうか。

八田さんには、いつのことだったか、大宮にある野球場にプロ野球の試合を見に連れていってもらったことがある。巨人の試合で、相手はどこだったか覚えていないが、レフト寄りの外野席の前の席で見させてもらったことは確かだ。私はそのころ巨人ファンだったからよく覚えているのだが、巨人のピッチャーは大友とかいう横手投げだか下手投げだかの投手。四番にはあのころ大好きだった赤バットの川上がいた。一本ライト前にヒットを打ったと思う。しかし一番鮮やかに記憶しているのは、巨人の守備のときレフトを守っていた与那嶺が、自分の前に落ちてゴロになった球を股間で後逸、レフトのフェンスのほう、私の目の前のところにまで転がってきたその球を、ものすごい勢いで追いかけてきて拾い上げ、力いっぱい内野に向かって投げ返していた姿だ。試合はどっちが勝ったのか、簡単に勝負がつくような試合ではなったはずだが、結果については何も覚えていない。もしかしたらあれはオープン戦だったような気もするから、二十五年の春初めのころだったのだろうか。とすると、そのころ八田のお兄さんは就職が決まり、我が家を出ていったような気もするから、吉川さんの和夫さんのほうが連れていってくれたのだろうか。やっぱり八田さんだったような気もするのだが。

あの二人の後にも、大学生のお兄さんたちが、たとえば羽根村さんという、これもまた兄弟二人で同時に我が家に下宿していた方もいたが、あのどちらかにだろうか、川崎球場に連れていってもらったことがある。大映の試合で、どこ相手の試合だったかは、こちらのほうも覚えていない。しかしスタルヒンが先発し、五~六回投げて交替したのは覚えている。すごく大きな選手だったという印象。何年振りかで見た野球だったから、大宮球場のかなり後、小学校四年生か五年生のころ、つまり昭和二十六年か二十七年の初夏ごろだったのだろうか。これまた時期についてはさっぱり思い出せない。

いずれにせよ和夫さんと八田さんのお二人は、二十三年のいずれかの時期に来て、二十五年の三月ごろまでは二人そろって我が家にいたような気がする。つまり二年間近くということだが、どうも和夫さんのほうが長くいて、八田さんが先にいなくなった気がする。二人とも同じ学年に在学していたとすると、もちろん復員してきた和夫さんのほうが何歳か年上だったはずだが、一年ぐらい先に八田さんが我が家を去り、その後和夫さんは、蒲田あたりに就職したはずだから、就職後もしばらくは我が家から仕事場に通っていたのかもしれない。すると和夫さんは二十六年の春ごろまで下宿していたのだろうか。今となっては分からないことばかりだが、居間に母が二人を呼んで、お茶かお菓子か、あるいはミカンでも出していた時のことだったろう。二人が私の目の前で映画を巡る論争を始めたことがある。アメリカ映画とフランス映画のどちらがすばらしいかという言い争いだった。いつものように私は、自分の乏しい体験を踏まえながら二人の言い分に耳傾けていた。アメリカ映画のほうが楽しいし、いまでいうエンターテイメントとして上を行くというのが和夫さんの主張。ゲイリー・クーパーとかという、私にも分かる名前も聞こえた。それに対し八田さんは、フランス映画のほうが人間の描き方に深みがあり人生を教えてくれるといった主張をしていた。ジャン・ギャバンとかイングリッド・バーグマンとかいう名前も聞こえた。その他いろいろの俳優さんや作品の名が挙がって、私にはさっぱり分からなかったのだが、それでも二人の話を面白く感じてじっと聞き耳たてていた。あの頃の私には、自分のよく分からない話でも、ひとが面白そうに話していることには何にでも興味を感じるという、一風変わった癖があったようだ。

ゲイリー・クーパーは、あの論争の時期によるのだけれど、もしかしたら出演映画一つぐらいはすでに見ていたかもしれない。ジャン・ギャバンという名前は、母がしてくれた映画話の中に出てきたので知っていた。母は夜眠る前の寝物語に、自分が昔見た映画の話をしばしばしてくれた。ジャン・ギャバンの『望郷』とか、マリー・ベルの『舞踏会の手帖』とか、コリンヌ・リシェールの『格子なき牢獄』とか、多くがフランス映画の話だった。母はその中でもとくに舞踏会の手帖に思い入れがあったらしく、それこそ何回も何回も語ってくれた。だがその後かなりたってから私自身大学生になって、東京の名画座のようなところでこの古い映画を見たので、いままでは母の話に上書きされてしまい、母がどんな風に話してくれたのか、はっきりとは思い出せない。だから私自身が見たときの記憶でストーリーを紹介すると、フランスのとある田舎で育った娘、それがマリー・ベル演じる主人公だが、彼女が故郷を出てから侯爵だか伯爵だかに見初められて結婚、しかしさほど時経ずして夫と死別、若き未亡人となってしまった。そこで娘時代に故郷の町の舞踏会に出た折々、自分に踊りを申しこんできた若者たちの名を記した手帳をなくすことなく保持していたので、それをもとにかつてのダンスの相手を訪ね歩く旅を始めて、次々と昔のパートナーを探し出していくのだが、そうした連中には、ルイ・ジューヴェ演じる男もいて、彼のぎょろっとした鋭い目つきは今でも印象深く覚えている。いずれにせよ主人公の夫人が見出すのは、人生に疲れ果て苦境に立たされていたり、正気を失いかけたり、闇社会のボスになっていたり、貧しさに落ちて苦しんでいたりする、思い出の中で輝いているかつての青年たちとは裏腹の中年男たちの、その失望と幻滅に彩られた現実だったのだ。あの舞踏会での出会いの中で、たぶん彼女が一番心ひかれたはずの青年はすでに死んでいた。だがその忘れ形見の若者がいて、思い出の中のその父親と瓜二つだった。そう、イタリアのコモ湖の湖畔で、その忘れ形見と出会うというのが最後の場面だった。美しい景色の中でその若者を見つけた彼女は、すぐさま彼にたいし母親のような愛を覚え、そして未来への希望を感じ、夫との死別によってもたらされた打撃を越えて生きてゆこうと決意するという、おそらくこんなふうに要約できそうな物語だ。

確かに人生の移ろいの厳しさや、思い出は幻影でしかないといった現実の虚しさを教えながら、それらを越える力の存在をひそかに伝えようとする名画なのかもしれない。しかし私には、なぜあれほどに母がこの映画を愛していたのかという、その疑問のほうが強く残る。もしかしたらと、ずっとのちになって思ったのだが、母は私の父と実際上別れてしまっていたから、私の父は母にとって死んだのと同様だった。母には父と結婚する前、本当に好きだったという人がいたというから、そしてその人ははるか外地でとっくに死んでしまっていたというから、その人と私は何の関係もないのだけれど、この映画の中で一番最後に出会う若者と、つまり主人公がかつて最も愛していたという今は亡き人が残していったという忘れ形見と、この私とを無意識の内に重ね合わせ、そして自分のほうも未亡人の主人公と重ね合わせ、私にのみ自分の未来への希望を託して生きようとする自らを、ひそかに描き出すものとして、当時あの映画を見ていたのではないだろうか。今では確かめようのないことだが、そういった想像ができるような気もする。

そう思うと母が私を連れて見に行ってくれたアメリカ映画、『心の旅路』のほうも、何であんなに母が好きだったのだろうということも、後になってからは、なんとなく分かる気がした。まだ私が小学校下級生だった時のこと。近くにあった「北浦和劇場」という映画館に見たい映画がかかると、母は私を伴ってしばしば出かけた。そうしたおりに見たあの映画、私にはほとんど理解できなかったと思うのだが、退屈してしまい見終わるまで我慢できなかったというほどでもなかった。話は、これまたあとでビデオか何かで見た記憶から復元するのだが、戦地（たぶん第一次世界大戦）から戻ってきて、頭を負傷したためか、戦前の記憶をすっかり失ってしまった男が、我が家を探してさまようものの帰り着くことができず、ある日ある女と偶然出会って愛し合うようになり、やがて家庭を築いて暮らし始めたのに、外出したある日、確か交通事故に遭って頭を強打し、そのショックで戦前の記憶のほうが突如甦り、自らの実家に帰り着くことに成功、そのかわり最近まで営んでいた彼女との家庭生活のほうは百パーセント忘却、実家の仕事に励んでほどなくそこの社長となり、社長秘書を募集することになったとき、事のいきさつを知ったかつての妻が応募しにきて見事採用され、彼の傍らで過ごすことになったというのに、彼はまったく彼女のことを思い出さずにいたのに、あるとき、二人でかつて過ごしていた郊外の家に、彼女が彼を招くと、春の盛りのこと、門の脇に白蓮だか辛夷《こぶし》だかの真っ白な花が咲き乱れていたが、それを見、その香りを嗅いだとたん、かつて暮らしていた場所だと、そして傍らにいる自分の秘書が、かつての自分の妻そのものだと気づいて、彼は彼女を熱く抱きしめるという場面で終わる物語だ。

白黒映画だったから、最後の花の白さがやけに印象的だったが、それ以上に幼な心に強く刻まれたのは、女主人公を演じたグリア・ガースンの美しさだった。世の中にはなんて美しい女の人がいるものかと思った。だからあの映画、最後までおとなしく見ていていられたのだろう。男のほうはロナルド・コールマンで、あの髭が有名なのよと母に言われていたので、コールマン髭というその口髭姿を覚えているだけだ。母はその後も機会あるたびに心の旅路の話をした。それまで聞いていたフランス映画は、母が戦前に見た作品だったと思うのだが、戦後私の知らないうちに見ていた物もあったかもしれない。しかしこのアメリカ映画のほうは私自身も見たものに違いないから、母としても話せば理解できるだろうと考え、一緒に思い出しましょうといった調子で言及したのだろう。あの映画に、母がなぜあれほど心ひかれたのか、当時は思い至るはずもなかったが、はるか後になってなんとなく分かるような気もした。つまり母は、もしかしたら父に私たちのことを思い出して我が家に戻ってきてほしいと、ほとんど無意識のうちにでも願っていて、その願いをあの映画のハッピーエンドに投影していたのではないだろうかと。しかし父は、たまさかにせよ我が家に顔を見せていたのだから、こちらのことを忘れていたはずもなく、母の願いはしょせん実現しようのないことだったに違いないのだ。

あのころ見た映画は、その他さまざまあったが、幼い私が一人で出かけて行ったはずもなく、常に誰かに連れていってもらったものだろう。ソヴィエト映画の『石の花』という映画も見たが、初めて見るカラー映画で、とくに洞窟の中に入ると、その壁面に数知れない宝石らしきものが埋まっていて、赤や青や黄色や白や紫や、キラキラ光る輝きを一面に放っていた場面を一番よく覚えている。白黒の映画しか見ていなかったころだから、すごく印象的で素晴らしく美しいと感じた。しかし話のほうはほとんど忘れてしまった。どうもあれは母に伴われて見にいった映画ではないような気がする。吉川兄弟のどちらかが、それとも八田のお兄さんが連れていってくれたのだろうか。ゲイリー・クーパー主演の『ヨーク軍曹』とかいった戦争映画も見た。戦場の塹壕の中の出来事がかなりの時間描かれていて、いきさつが良く分からないうちに、クーパー演じるヨーク軍曹が、数多くの敵兵を投降させて英雄になるというストーリーだったと思う。あれも母が連れていってくれるような映画だったろうか。いずれかのお兄さんに見せてもらったのかもしれない。

間違いなく母とともに見にいった映画には、阪東妻三郎主演の『やぶれ太鼓』というものがあった。阪妻の父親が、何かがあるとどなり散らして怒るので、妻や子どもたちから体よく敬遠され寂しい想いをしているといった内容の、家父長制の崩れ出した戦後の風潮を描いたものだったといえよう。それからもっと後、私が四年生のころだったろうか、『源氏物語』という日本映画にも連れていかれた。主人公の源氏の君を確か長谷川一夫が演じていたが、覚えているのはそれだけ、いろいろの女優さんも出ていて、子どもにとっては理解不可能のひどく複雑な話だった。退屈でしかたなかったのを覚えている。けれど何しろ母が一生懸命見入っていたから、私はおとなしく最後まで付き合うことにした。その他あの小学校時代に見た映画といえば、嵐寛寿郎が好きだったから、彼が主演する『鞍馬天狗』シリーズは欠かすことなく見にいっていた。それからワイズ・ミュラー主演のアメリカ映画『ターザン』シリーズも、間違いなく見にいっていた。だがいったい誰と行っていたのか。私が見たいと言うものだから、やはり母が連れていってくれたのやら、それともお兄さんたちの誰かが連れていってくれたのやら、さっぱり思い出せないが、そういうたぐいの映画だったら、小学生でも一人で切符が買えて映画館に入れたのかもしれない。

こうした映画を見たりして、それなりににぎやかな一時を過ごすこともあったが、家では、あのころもやはり一人で過ごすことが多く、私は庭先でさまざまな楽しみを見出していた。春の盛りのころだったろうか。玄関わきにあった八つ手の木の葉の上に、アマガエルだったろう、小さな緑のカエルが身動き一つせず、かなりの時間止まっていたのを覚えている。ずっと瞬き一つせずまっすぐ前を見つめているものだから、私は面白くてたまらず、そいつをじっと見つめていたのを思い出す。時おり声も掛けていた。お前いったい何を見てるんだい、何か面白いことでもあるんかい、とかいった言葉を掛けながら。するとカエルは、あんたも一人なのかいと尋ね返してくるような様子をみせた。たぶん一時間余りそんな状態を続けていたのだ。やがてちょっと目を離したすきにどこかに行ってしまった。なにしろ、ずいぶん長いことあのカエルとにらめっこをやっていたのが懐かしい。

夏にはアリの行列が頻繁に見受けられた。庭の一か所から、もちろんそこにはアリの巣の穴があったのだが、黒い小さなアリがあふれるように噴出してくる。そう噴出という言葉が最もふさわしい様子で、次から次へと出てくるのだ。何匹になるか分からないくらい、数多くが続々と溢れ出てくる。そして庭の別の一画へ向かい、やがて庭を出てその先の道路のほうへ行進していく。門の前のほうは、そのころはまだ両側が草で縁取られた土の小道で、追いかけていっても、アリたちは道のはるか先、うっそうと茂った草むらの中へと入っていったりして、追いかけ続けることができなかった。またあるときは道路の先のどこからかやって来たようなアリの大群が、庭にあるアリの穴に次から次へと入っていって、その穴から小さな白い卵のようなものを運び出し、はるか彼方のほうへと担いでゆくこともあった。何百匹、いや何千匹という大群が列をなして果てしなく運び続ける、そういった景色を見たこともある。私は、庭の一角の巣が何らかの危険にさらされ、親アリたちが安全なところに卵を移動させている光景だと思った。子ども心にそう確信した。ところが後になって知ったのだが、あれは、あるアリ集団が別のアリ集団と死にもの狂いで戦って勝利を収めたとき、戦勝品として相手連中の卵を自分たちの巣に持ち帰ってゆく姿なのだという。自分たちのえさにするのだろうか、それとも自分たちの所で育てて、やがて成虫となったとき、生まれながらの奴隷としてこき使うのだろうか。アリというあんなに小さな虫が、まるで人間と同じようなことをするなと思って怖くなったものだ。

わが庭で、種類の違うアリ達の闘いを何度となく見たことがある。だがそんなこと、長いこと忘れていたが、のちに、そう、二十歳過ぎてからだ、ソローの『森の生活』やジュール・ミシュレの『虫』といった作品の中で、アリ達のすさまじい戦闘ぶりが描写されているのを読み、ああ私も自分の目で実際に見た光景だと思い出した。私の見たアリたちの闘いも、飴色に近い灰色のやや小ぶりのアリが、黒っぽいというか濃い灰色をした中くらいの大きさのアリと死闘を演じるものだった。いつだったろうか。それを興味深く眺めていたことがある。小ぶりなほうがずっと数多く、黒っぽいほうの一匹に数匹ずつで攻撃する。数匹で一匹の相手に、それこそ場合によっては六本の脚全部に六匹でかみついて、動きをにぶくし、さらには頭部から出ている二本の触覚にも二匹で噛みつき、いや数が間に合えばさらに何匹ででも体のくびれ部分にまで噛みつき、横倒しにして動けなくし、さらには体をばらしてしまったこともあったかもしれない。こうして一匹一匹と相手を倒し、いつの間にか相手方のアリの姿が見えなくなっていた。敗北を認めて退散したのだろう。こうした決着がつくまでには、ゆうに数時間もかかったろうが、私はその間、まったく時を忘れて眺めつづけていたものだ。そうしたすさまじい闘いを見て、わくわくした気分になっていたのだ。気づいたときにはもう夕方。母に呼ばれてハッとして家の中へと戻った。

ところで秋には、庭に落ち葉がいっぱい積もった。庭には大きなケヤキがあって、それが枯れ葉をたくさん落とした。そうした葉っぱを箒《ほうき》でもって一か所にかき集めうず高く積み上げてから、(もしかしたらお兄さんたちの誰かが、手伝ってくれたこともあったかもしれない)、庭に落ちている枯れ枝など何本かを添え火をつけ、燃え上がるのを待って、全体がある程度の温度に達したところに、半ば燠となったその下にサツマイモを押し込み、さらに枯葉をわんさと継ぎ足して火種を絶やさないようにする。そしてじっくりと時間をかけて焼き芋を作りあげる、それが楽しみだった。たいていは夕方近くになってから火をつけ、赤々と燃え上がるのを眺めては喜ぶ。やがて炎が燃え終わると赤い火床ができる。イモはまだ食べられるまでには焼けていないだろう。落ち葉の燃え尽きてしまった部分は黒くなっている。が、その燃え尽きた部分の縁だけは、まだまだ赤く燃え残っていて、少しずつその位置を変えていく。そうやって枯葉全体がおもむろに燃え尽きてゆくのだが、そういった光景をいつまでも眺めているのが好きだった。燃えさしの赤い光は、周りが暗くなるに従い、まるで点在する町の明かりのような様子を見せる。そうした町の夜景を、まるで上空から眺めているような気分になる。しかも明かりの位置は刻々と変わってゆくから、異なる町が次々と現れてくるみたいなのだ。最初はいっぱいあった火がしだいに消えていってわずかになっていくが、落ち葉の燃えさしに棒切れをいれ引っ掻き回すたびに、ぱっと燃え上がったり、あるいはちょっぴり燃え広がったり、多種多様な形が自在に現れてくるのだ。そのころはまだ飛行機に搭乗したことなどなかったのだが、ニュース映画か何かで見た上空からの景色を思い出し、夜になったらこんな景色になるのだろうなと想像して、いくつもの町の夜景を見下ろしているような気分になって、闇の深まるなかでこうした光の変化に見入り、時間の経つのを忘れていた。そしてご飯だよ早く入っておいでという母の声に、はっと現実に引き戻されるのだった。落ち葉を燃やすときには、焼き芋ができあがったかどうかより、そうした夜景が見られるかどうかが、私にははるかに重要なことだったのだ。

このように、庭先でもたいていは一人で過ごしていたという思い出が多いのだが、家の中でも一人きりで、早く母が帰ってこないかなと、じりじりした気分で待っていたことも多かった。かりそめの兄たちがいたとしても、みんな昼間は学校にいっているのだから、私が小学校に通うようになってからも、母が出かけていれば一人きりで留守番しなければならないことが、たびたびあったのだ。どうやって誰もいない家に入れたのかなとも疑問に思うが、おそらく家の玄関脇か台所の出入り口付近かに、何か鍵の隠し場所があって、学校から戻るとそこに手を入れ鍵を取り出し、家の中に入っていたのだろう。ある日、廊下のガラス戸越しに庭を眺めながら、母さんまだ帰ってこないのかな、まだなのかなとやきもきしながら待っていたことを思い出す。何時《いつ》ごろからかは覚えていないが、月に一回、母は東京方面に出かけることになっていた。たぶんそんなときのことだったただろう。いつもなら帰ってくるはずの時刻を過ぎても、母は戻ってこなかった。あの待ちきれなくて焦燥していたあの日のことだったのだろうか、暗くなるころになってやっと戻ってきた母が、帰る途中で電車が止まってしまい、鉄橋の上を歩いて帰ってきたのだよという話をしてくれた。東京の赤羽駅から埼玉の川口駅に向かって県境の荒川に差し掛かり、その鉄橋を電車が渡り始めてしばらくしたとき、何らかの理由で突然停車し、そのまま何十分も動かないでいたのだという。何か事故が起きたのだろうが、それが自分たちの乗っている電車ではないということしか分からず、乗客たちはイライラを募らせたという。一時間余りたったころ、復旧の見込みが当分ないということで、電車から降りて鉄橋を渡り川口駅まで歩いてほしいとの放送があり、乗客たちは順次一番前の車両にまで車内を移動、一番前の車両運転席脇にある扉が開けられて、そこに簡易な踏み段が降ろされていたので、一人一人そこを下って線路上に降り立ったという。もちろん鉄道関係者の補助があったらしい。そこから線路に並行してやっと一人歩けるようなコンクリート製の細い歩道があったので、そこを一歩一歩気遣いながら、かなりの時間をかけて埼玉側まで歩いたという。途中母は下の川面に目をやったら、余りの高さに目がくらんで立ち竦《すく》んでしまったというが、すぐ後ろを歩いていた若い男の人に助けられ、しばらく手を引いてもらいながらどうにか鉄橋を渡り終わったということだ。しかし陸路になってからも、日ごろ電車で通っているときには感じなかったくらい川口駅までは遠かったという。やっと川口駅に着いて、そのホームから折り返しの電車に乗ってここまで戻ってこられたのだよという話だった。ずいぶん帰りが遅れたのは、そういうことだったのだ。母からこの話を聞いた日と、ガラス戸越に母の帰りを待ちわびていたあの日が同じ日だったのか、どうにも分からないことだが、しかしずっと後になって分かったのは、日本橋付近に本社のある某会社の顧問弁護士を父がやっていたので、母は父と話しあってその顧問料を毎月受け取りに行き、それを私たち二人の生活費にあてることにしていたという事実だ。そのために月一回、必ず東京に出かけ、その間私は一人で留守番をさせられていたということになる。

お兄さんたちの払ってくれる下宿代は、生活費のほんの一部になっていただけだったのだろう。しかしお兄さんたちがいたので、ずいぶんと助けになったことは確かだ。今でもはっきりと覚えているのだが、私が三年生のときだったと思う。ある晩見知らぬ男の人が突然訪ねて来た。たぶん三十代の半ばごろの人だったと思うが、私から見たらずいぶんと立派な小父さんだった。玄関先で語るには、どうも北海道で父と知り合ったらしい。父が北海道にしばしば出かけるという話は、たまさかにやって来る父自身から私も聞いていたことだった。何とかとかいう昔の伯爵だか侯爵だかの膨大な財産の管理を頼まれており、その大半が北海道にある森林などの土地なので、北海道にしょっちゅう出かけているのだと。だから北海道で父と知り合ったというその話が、嘘であるなどとは母も思わなかっただろう。そこでどうぞと玄関に続く応接間に上げてしまった。ゆったりと椅子に座りこんで、その小父さんは話し出した。北海道に行っていたとき、ある列車の中でたまたま父と同席したのだが、どこかに赴く途中の父が、どこかで財布を盗まれてしまい、小銭しか持ち合わせがなくて困っているという話だったので、自分が持っていたいくらか、当時のことだったから千円か二千円くらいだったのだろうが、父に貸したのだという。その小父さんが東京方面からやって来ていると知った父は、自分はしばらく北海道から離れられないので、じつは埼玉に家があるから、先に東京方面に戻られたら家にまで行って、家内からその金額を返してもらってほしいと言ったという。そこでこちらに伺ったのです、だからその額を返してもらいたいということだった。母はそれに対し夫からその件に関し何の連絡もないので、連絡があってからでしかお返しなどできません、あなた様の連絡先を教えていただければ、夫のほうから手紙などでそのことの知らせがあったのち、あらためてご連絡してお返ししますと、応えていたように記憶する。私は、椅子にすわって応対している母の脇に立っていて、ずっと二人の話を聞いていた。すると相手の男の人は、いや今すぐにお返しいただきたい、ご主人からそう言われてわざわざお訪ねしているのですから、といったことを言ったと思う。しだいに押し問答となり、その小父さんの口調はだんだん荒々しくなっていった。私のような子どもと母一人だったら、居直って強盗まがいに力づくでも金をもらっていく、いや強奪していくといわんばかりの様子になった。

その時だった。奥の部屋のほうから吉川さんの和夫さんが廊下を歩いて、人声のするこの応接間の前にまできて、小母さん何々はないと、何だったかは忘れたが、探しているものが見当たらないので貸してもらえないかと声を掛けてきた。そのとたん、くだんの小父さんの態度が豹変した。最初に見せた紳士然とした様子に再び戻り、それでは失礼しますとそそくさと帰っていったのだ。和夫さんに助けられたと母は言った。和夫さんはきょとんとしていたようだ。私たち二人だったらあの男、きっと居直って金を奪い取って行ったに違いないと母は話した。その後、父と連絡がとれてその話を伝えると、そんな借金なんかしたこともない、もしそういうことがあったら、まずすぐさまに知らせるに決まっているという返事だった。父が北海道に頻繁に出かけているというのを、あの男はなぜ知っていたのだろう。母が推測するところ、旅先の北海道から父が寄こした手紙を、もしかしたら我が家のポストででも盗み見したのではないかということだ。しかし真相の分かるはずもない。そういえば父はそのころ母あてにではなく私あてに、旅先から結構手紙を書いてきていた。

いずれにせよ、あの出来事は私が三年生の時、つまり昭和二十五年のいずれかの季節、暑くもなく寒くもない時だったように記憶する。あのころ、我が家の下宿人としては和夫さんしかいなかったはずだが、いてくれて本当に助かったのだ。和夫さんはもう大学を出ていて、就職した東京の会社まで家から通っていたような気がする。八田のお兄さんは就職が決まったのを機に、我が家を出ていたと思う。その八田さんの勤め先に母と訪ねていったことがある。私には母と東京まで出かけて、王子駅前から都電に乗って銀座方面まで行った記憶があるが、それはあのときのことだったのだろうか。あの当時王子から銀座まで直通の都電があったことは間違いない。ずっと電車の一番前のほうに席を占めて外を眺め続けていた。目の前でどんどん景色が変わり次々と展開してゆくのが、面白くてたまらなかったのだ。かなりの時間乗り続け、日本橋付近で降りたと思う。ここで待っておいでと、やや小ぶりのビルの入り口付近で待たされた。母はそのビルに何かの用事があり、すぐに戻ってくるからというのだった。今思うと父の顧問料を月々受け取りに行っていた会社のあったビルだったのだろう。ビルの中に消えた母の姿が、本当に戻ってくるか、現れるだろうかと心配だったが、ほどなく戻ってきたので私はほっとした。と、母は突然八田のお兄さんの勤務先がすぐ近くだし、もう昼休みになる時刻だから訪ねてみようと言い出した。私は母に付いていった。さっきのビルよりずっと大きな立派なビルに行って、そこの受付でお兄さんに会いたいと母は告げのだろう。ほどなくお兄さんが現れ、私も久々に会ってすごく嬉しかったが、何の予約もなかったのだから、ほんのちょっと立ち話をしてから、お兄さんは会社の中に消えてしまった。もしかしたら、ちょうど昼休み時なので一緒にお昼でも食べられないかとでも、母は思っていたかもしれない。母はちょっぴりがっかりしたような様子を見せたようにも思えたが、近くにレストランを見つけ、私と一緒に入って何かを注文、二人だけで食事して帰宅したのだった。あれが八田さんと会った最後で、その後あのお兄さんには会うことはついになかった。

ところであの詐欺師がやって来たとき、我が家には吉川の和夫さんしか下宿していなかったはずで、一人でもいてくれて助かったわけだ。あのころというかあのころもまた、あいもかわらず私は、しょっちゅう熱を出していた。多くは風邪をひいてだったろうが、三十八度から三十九度を超えるくらいまで、ひっきりなしに熱を出しては学校を休んでしまうのだった。当時クラス担任をしてくださっていたのは島村先生という女の先生で、先生は私の様子を見に何回か家庭訪問しにやって来てくれた。この先生には一年生の二学期からお世話になっていた。一年生の最初の先生は夏休みの間に結婚なさって学校をやめてしまったというのだ。二学期の最初の日にその話を聞いて、代わりにやって来たのがあの島村先生だった。一年生の分からず屋どもは、先生になる学校を出てから、やって来たばかりだという島村先生を、まだ本当に若い先生だったから、たぶんちっとも怖くないと思ったのだろう、先生が教室に入って来てからも、がやがやわいわい騒ぎたてて、先生の言うことなど少しも聞かなかった。席に着きなさい、静かにしなさいと先生は叫んでいたと思う。だけど一向静まらなかった。と、不意に先生は勝手にしなさいとでも叫んでだろう、ぷいと教室から出て行ってしまった。子どもたちも、さすがにこれはまずいぞと思ったはずだ。少なくとも私と野々村君とはそう思って、先生帰っちゃったぞ、これは大変だ、皆静かにしろよ、迎えに行ってくるからなとか言って、二人して職員室まで謝りに行き、先生に教室に戻ってきてもらったことがある。そのあとは皆ちゃんと先生の話を聞いていたと思う。そういうこともあってだろう、そう言っては何だが、私は島村先生の覚え目出度い生徒だったことは確かだ。

それにしても学校の引けた後、ないしは日曜日にだったろうか、先生は私の見舞いにしばしば来てくださった。そして私の病状が良くなって学校に来られるようになったら、その前にでもやっておきなさいと、いくつもの宿題を置いていった。もちろん私にそうした話をしていくのだが、その前後に母ともかなりしゃべっていた。そればかりではなく、和夫さんがいるような場合には、私や学校とも関係ない話題をいろいろ二人で語り合っていたようだ。あるとき先生は、ドロップの缶詰をお見舞いに持ってきてくださった。もちろん風邪か何かで病んでいる私のためにだったが、このドロップとてもおいしいのよ、お母さんや吉川さんにもおすそ分けしてねと、おっしゃったような気がする。そんな先生を、母はある日、もしかしたら和夫さんのことが好きなのじゃないかしらと言った。和夫さんは弟の雅夫さんとは違い、どこかに隙があるような感じがして、女の人から見ると、とても近づきやすいのだそうだ。私にはまったく分からないことだったし、母がなぜそんなことを話すのかも、全然分からなかった。

今でもよく覚えているのは、島村先生が『長崎の鐘』という、当時ラジオからしばしば流れていて、私もよく知っていた藤山一郎の歌が大好きだったことだ。「こよなく晴れた青空を……」という歌い出しから、とても明るい素敵な世界、それまで見たことのない町、長崎を、はるか夢見させてくれるような歌だなと思っていた。原爆が長崎に落とされたということは当時から知っていたが、あの歌は、あのころの私にとって、あくまでも明るい印象を与えるものだった。そしてその二番、「めされて妻は天国へ……かたみに残るロザリオの／くさりに白きわが涙」云々の歌詞も、何かとてもロマンチィックな妻への愛を謳うものと感じた。作詞はサトウ・ハチローによるものだったが、余りにも巧みに現実をオブラートに包みこんでいたということだろう。そんな素敵な歌が好きだなんて、島村先生も素敵だし、母が久々にこの歌を小声ながらも歌ったこともあって、本当にいい歌だなと思っていた。

あの歌の裏にあった本当の出来事については、ずいぶんとたってから知った。あの歌は、長崎で被爆した永井隆という医学博士の実体験をもとに作られたのだという。その永井博士の本の中には次のように記されていると、はるか後になって聞いた。それ以降あの歌は、まったく異なる相のもとに見えてきた。長崎の上に原子爆弾が落とされたあの日、お昼直前のあの瞬間、永井先生は街の中心から離れたところに出かけていて、原爆の直撃は免れたという。そこで、ものすごい惨状を呈している街の中を必死に歩き、何時間も掛けてのことだったろう、やっと自分の家まで戻ってきた。と、家の半分は焼け落ちていて、何かの物陰になっていた残り半分でやっと我が家が見分けられたらしい。焼け残った家の中に入ると、台所だったに違いない場所に、人の下半身だけが転がっていた。穿《は》いていた服装から、その焼け残りから、先生は自分の妻の遺体であることを確信。何千度ともいえる強烈な熱と光をあびて、奥さんの上半身は一瞬にして焼け落ちたのだろう。が、頭があったと思われるあたりに、いつも首にかけていたロザリオが、いつもマリア様に祈るときに使っていたあの数珠が、ポツンと落ちていたというのだ。永井先生はそれを見て思わず白い涙を落としたに違いない。その後、下半身だけとなった奥様の遺体を抱きあげ、避難所までそれを抱えて、「ごめんね、ごめんね」と言いながら運んでいったという。何で「ごめんね」と言ったのだろう。一人きりでこんな恐ろしい目に遭わせてしまってごめんねだったのか、一緒に死ねなくてごめんねだったのか、先生にもよく分からなかったに違いない。でもごめんねと言う以外、そんなとき、いったいどんな言葉が掛けられるのか。それから避難所に、何で遺体の、それも欠片《かけら》としか言えないようなものを運んでいったのだろう。お墓だけでもはっきりと分かる場所に作りたかったからだろう、廃墟の町で奥さんを行方不明者の中に入れてしまいたくなかったからだろう。私は、歌の背後にあった恐ろしい現実を初めて知った。

永井博士の物語は、その何年かあとで映画にもなった。やはり『長崎の鐘』というタイトルだった。私は母に連れられてその映画を見にいったが、そんな恐ろしい現実を感じ取れるようなところはなかったと思う。はるかはるか後、永井先生の実体験を知ってぞっとしたのだが、あの歌のほうには間違いなく、何か美しい世界が謳われているといった趣があった。だからこそ、あの歌はあれほど広く歌われ、皆に知られることになったのだろう。その点は作詞家の功績だろう。芸術の力とも言えようが、現実に起きた事実もまた、いや、そうした事実をこそ、知っておかなければならないことなのだろう。

島村先生にはずいぶんとお世話になった。だが私が四年生になったとき、二年半に及んだ担任を外れてしまった。そしてその頃だったと思う。吉川さんの和夫さんも体を壊して、東京の職場を退職、我が家を去って盛岡の実家のほうに戻ってしまった。結核になったのだという。もちろん職場の健康診断かなにかで判明した余り重くない初期の結核だったろう。何年かしてすっかり回復したそうだ。そして実家の稼業を継いで元気にやっていると聞いた。それから何年か後には、岩手の某町のミスコンテストで優勝した女性と結婚したとか。そうした話、じつは吉川兄弟の従弟の西片《にしかた》さんというTG大学に通っているお兄さんが、和夫さんが去った後にやって来て、我が家に下宿し始めていたので、その西片さんが折に触れて話してくれたことだ。そうした話を聞いて母も私も嬉しかったが、思い出したのは、和夫さんは戦地の、シベリアかどこかの抑留から帰国して我が家にやって来たはずだったということだ。けれど一度として、戦争の話をしてくれたことはなかった。そうした過去にはいっさい触れず、完全に黙したままで我が家を去った。

これまた、はるか後になってのことだ。シベリア抑留体験のある画家香月泰男《かづきやすお》の絵というよりり、その著書『私のシベリヤ』を読んで、私はシベリア抑留の苛酷な現実を、そしてシベリアに連れていかれるまでの、満州での恐るべき出来事を知った。和夫さんにもあの画家と同じような体験があったのだろうか。あれほどのものは体験していなかったのだろうか。平凡な抑留生活だったのかもしれない。でも、もしかしたら「長崎の鐘」の場合と同じように、予想もできないような苛酷な過去の現実を、ひそかに忍ばせつつ黙々と暮らしていたのかもしれない。私が十歳になったちょうど昭和二十六年、日本は占領からの独立を果たしたが、ちょうどあのころから、私たちの日常生活の中で、戦争の爪痕を思わせる物事は急速に少なくなっていった。あの和夫兄さんの場合のように、戦争を匂わすものなどいっさいないように見えていった。

なつかしの海

父が潮干狩りに行くぞと私を誘いに来たのは、いったいいつのことだったろう。住んでいた埼玉に海はなかったし、それまで疎開していた信州や甲州にも海はなかったから、海に行ったのはあれが初めての体験だった。海については、もちろん人から話を聞いていたし、絵本などで見たことはあったものの、本当にはどんなものか知らなかったから、実際にわが目で見るまでは期待に胸をはずませ、ドキドキとしていた。連れていかれたのは千葉の幕張という海岸で、電車の駅を降りると浜辺までは、ひたすらだらだらと下る道。その両側に小さな店がごちゃごちゃと連なっていて、店先には色とりどりの品々が並んでいた。確か左側にあった何軒めかの店が、父の親戚の鹿島さんの店だそうで、何の商売をしていた店だかさっぱり覚えていないが、いずれにせよそこに入って荷物をあずけ、下のほうだけ水着かなにかに着替え、父と二人渚のほうへと向かったはずだ。鹿島さんと聞いて、満州に行っていて帰国後我が家に一時滞在、満州はすごく寒いんだよと話してくれたあの小父さんのことを思い出したが、あの店の鹿島さんはそれとはまったく違う人だった。満州がえりの鹿島さんは母が嫌っているのを知っていたから、あの小父さんとまた会ったと言えば、なんだか母が不機嫌になるような気がして、子ども心に気になったので、違う人だったのでホッとしたのを覚えている。

幕張の海は遠浅の海で、当時の私には砂浜が果てしなく彼方にまで広がっているように見えた。潮も引いていたので、小さな熊手のようなのを手渡され、砂を掘り返しては埋まっている貝を見つけるようにと言われた。そして父が用意してくれた入れ物に、掘り出したものを投げ入れる。せいぜいところアサリをいくつか収穫しただけだったろう。砂の中には小さな虫のような生き物も数多くいて、そんなものを入れようとして、父からダメダメと叱られたような気もする。どのくらいそんなことをしていたのか、成果はどれほどだったのか、ちっとも覚えていないけれど、そうした作業そのものが面白くてたまらず、私は疲れ知らずに遊んでいたと思う。それにしても父が採取したものもあったのだから、ある程度のかさになった貝類を持って、私たちは帰路についたはずだ。もう薄暗くなっていて、明かりのついた総武線の電車を秋葉原駅で京浜東北線の電車に乗り換え、空いていた座席に父と並んで座ったとたん、父にもたれかかるようにして、その大きな胸に抱かれるようにして、私は眠り込んでしまった。そのことだけは、いやにはっきりと覚えているが、それ以外、あの日のことはすべておぼろだ。

そもそもあれは海の体験といえるのか。単なる潮干狩りの、それもまねごとのようなささやかなものにすぎないではないか。それでも私にとっては波の打ち寄せる本物の海を初めて目にした体験だった。しかし一体いつのことだったのか、いぶかしくてならない。父がまだ我が家から決定的に去っていない、昭和二十二年の春だったのか。それともその一年後、私が小学校に上がった直後の五月前後の頃だったのか。なぜそんなふうに戸惑うかと言えば、どうもかすかな記憶ながら、父が突然家に現れて、きょうは潮干狩りに行くぞと言ったことに、ひどく唐突な感を覚えたのに間違いないからだ。もちろんそれ以前父が家に来たとき、母に計画を告げていて、それに合わせて準備がなされていたからこそ、さあ行っておいでと母は戸惑うことなく私を送り出してくれたのだろう。こんなふうに考えると、あれは、小学校に上がった年、昭和二十三年の出来事だったようにも思える。だが我が家から父がいなくなったその前年にも、父が家に戻ってこない時期がかなり長く続いていて、その後、母との決定的なけんかが起きたのだから、二十二年の春頃でも、父が突然家に現れたという印象が生じたとしてもけっして不自然ではない。それゆえあの初めての潮干狩りの時期は、私の中で、はっきりと定めることができなくなっている。

　幕張にはその後もう一度、間違いなく父とともに出かけている。ずいぶん時間がたっていて、ああ、はるか以前にここに来たことがあったなと思った。砂浜のずっとずっと先のほうに、太いパイプの長い連なりが建設されていて、汲み上げた海水をあれで遠い沖のほうにまで運んでいって排出し、陸地を広げる工事をしているのだという話だった。砂浜はもっともっと広がっていって、やがてそこに石や土の埋め立てが始まり、陸地へと変えられていく計画だということだった。あのあたりが工業地帯になる数年前の風景だったのだろう。昔とはずいぶん違う景色だなと思った。それにあの二度目の時は以前とはまったく違う体験をしたのも確かだ。というのも、あの二回目の潮干狩りを、私は上半身裸の恰好でやってしまったらしいからだ。家に帰った頃には背中が真っ赤に焼け、ひりひりしてたまらなくなっていた。あの晩は仰向けで寝られなかったし、翌日は軽い発熱まで起こしてしまったと思う。医者にも行ったはずだが、よくは覚えていない。背中のところどころに水ぶくれができて、痛い上に痒くなったりして、かなり長いこと苦しんだような気がする。二回目の潮干狩りは、だからひどい日焼けの体験ばかりが記憶にあって、到底海で遊んだとは言えないような思い出だ。ただかすかに記憶の底にあるのは、あの時は確かハマグリを幾つか採ってきたということだ。もちろん私というより父のほうがたくさん見つけたのだろうが。家までは父と一緒に戻ったはずだが、翌朝ハマグリのおつゆを飲んだ時には、父はいなかったから、前の晩に父はやはり別宅に帰っていってしまったのだろう。あれは、もしかすると私が五年生の時だったかもしれない。五年生の夏近くから、軽い発熱が続き、やがてそれが結核のごく初期の症状、正確には肺門リンパ腺炎だと判明、半年近く学校を休むことになってしまった。学校に行って友達とわいわいやるのがいけない、だから家で一人静養せよということだったらしい。学校からは定期的に宿題やら試験やらが届けられ、それに回答、返却するという形で勉強を続けていた。そうしたことで、時の校長先生のご配慮もあって、私は翌春無事に六年生として復学した。もちろん医者から快癒したとのお墨付きをもらって。

それにしても五年生の春、ツベルクリン反応で陰性だったので、ビーシージーの注射をうって陽転していたのに、気にもしないでその直後海になんか行ったからこんな病気になったのよとは、医者の話をきいて母がこぼしていたことだった。発症した時期からいっても、あの潮干狩りが、発病の原因だったというのは大いにありそうだ。そう考えると、二回目の幕張体験は私の五年生時の出来事となるだろう。

私にとって本当に海に入って遊んだという体験は、これまた千葉方面の木更津に行ったことで始まる。ただしこれまたいつのことだったのか、はっきりとは記憶していない。父と、おそらくは泊りがけで出かけたのは確かだ。木更津に住んでいたのは、父と母の共通の知り合いの、どちら側の親戚でもない人だった。スエさん、スエさんと母が呼んでいたその方は、実は戦前、我がの両親が四谷に住んでいたころに住み込み女中さんをしていた方で、そこからお嫁に行ったのよ、その時はね私たちが仲人役を務めたのよとは母の言。だから父にしても母にしても、戦後しばらくして消息が分かったときには、とても懐かしく感じる相手だったのだろう。父が私を連れて遊びにいってくれたのは、本当の海を私に教えたくてなのか、それともスエさんたちとお互いの健在を確認して喜び合いたかったのか。たぶん、どちらをも目的としてのことだったろう。

当時の木更津駅は小さな田舎駅だった。駅前からすぐに田園風景が広がっていて、田圃だか畑だかの中を一本道が貫いていて、その炎天下ひたすら歩いていったように記憶する。その途中、道路脇に背の高い向日葵が一本、大きな花を付けて堂々と立っていた。私にとって当時はとっても大きく見えていた父よりも、さらに背の高い向日葵だった。輝かしいあの黄金色の一輪が、今でも網膜に焼き付いている。その花のちょっと先を、確か右のほうに曲がってしばらく行くと、スエ小母さんの家があった。農村地帯によくある藁葺き屋で、そばに林があったように思う。佐々木さんというそこの小父さんにも、もちろん初めて会ってあいさつした。父も佐々木さん夫婦とは結婚式以来の再会だったのだろうか、いやに丁寧にあいさつを交わしていたように思う。小父さんは漁師で、色が黒く痩せ気味、わりと背の高い人だった。小母さんも色が黒く丸顔で、その顔をくちゃくちゃにしてよく笑った。家の近くの畑仕事は主として小母さんのほうがしているという。ケンちゃんというちょうど私と同じ歳の男の子と、キミちゃんという二歳ほど年上の女の子がいて、二人とも真っ黒だった。つまり色黒で健康的な一家に、色白で腺病質な趣の私が迎え入れられたというしだいだ。でもそれがすごく嬉しかった。佐々木さんご夫妻は、父のことを旦那さんと呼び、私のことを坊ちゃんと呼んでくれたが、私を見るのは初めてだったのだろうか。

私が生まれる前に大野木家のもとから去っていったはずだから、たぶんそうなのだろう。私には家にいた女中さんについて、忘れがたい思い出が一つだけある。それは四谷の家から父と母が引っ越していった、そして私が最初に過ごした立川での、おそらく三歳頃の思い出で、人生最初の記憶かもしれない。薄暗い部屋で私は蓄音機の前にいて、アリランという朝鮮の歌が流れるレコードを聴いていた。「アーリラン、アーリラン、アーラーリよー」というその歌が、意味も分からず大好きだった。ところがそのレコードの端っこがちょっぴり欠けていて、レコード針がその箇所にかかりそうになると、そばにいた若い女の人がひょいと針を持ち上げ、欠けた部分を過ぎたとたん針を上手にレコードの上に置き戻してくれていた。だから歌は、部分的にちょこっと中断しながらも最後まで聞きとおすことができた。私はその女の人にせがんで何回もアリランを聞き直していたと思う。あれは当時我が家にいた女中さんの一人だったのだろう。母でなかったのは確かだ。でも、あれがスエさんだったはずはない。母にも父にも、そのことで尋ねたことはなかったし、あれが誰だったのか、いまもって分からないままだ。

ところでスエ小母のところでは、一休みして何か飲ませてもらい、お菓子でも食べさせてもらったのだろうが、ほどなく父と一緒に海のほうへと出かけていった。二人とも用意していた水着に着がえていたはずだ。庭先から砂地の道が続いていて渚はわりと近かった。小さな漁船がいくつもつながれているような浜辺だった。何をしたのか細かなことは覚えていないが、はっきりと記憶するのは、その日父から平泳ぎの仕方を教わったことだ。私にとって生まれて初めての水泳体験だった。それまでに川でも、もちろんプールでも（そもそもプールという存在は見たこともなかったのだから）泳いだことは一回もなかったのだ。だから、まず初め父が泳いで見せてくれて、それを真似てやってみろと言われたが、うまくゆくはずもなかった。まず第一、水の中に顔を入れることが怖くてたまらなかった。目は開けたままだよ、そのまま顔を波の中に突っ込むんだよ、そして両手をまっすぐ前にのばし、倒れ込むように水中にうつぶせになってみな、というところから始めた。そうした動作さえなかなかできなかった。できた後も、両手両足を平行に前後に動かすのに苦労した。父と同じようにやっているはずなのに、父のほうはすいすいと前に進んで行くのに、私は同じ位置で手足を動かしてバタバタしているだけ。たぶん左右のバランスがうまく取れなかったのだ。その日の最後になって、やっと一メートルほど前進して疲れ果て、海の底に足を付けてああ立てたとホッとするようなことを繰り返していた。今日はこのくらいでいいだろうと、とうとう父が解放してくれて助かったと思った。ただその間、私は海の底をしげしげと眺めることができた。どんな海だったのか、全体的な様子はさっぱり覚えていないが、漁村の浜辺だったはずだから、砂浜と言うよりも磯といったものに近かったのかもしれない。海の底といっても私の背丈で十分安全に立てるくらいの浅い水深だったが、イソギンチャクやヒトデやらがいっぱいいて、さまざまな色をしていて、しかも上空には太陽が輝いていたから、波の動きにつれて、ひっきりなしに海底の明暗の模様が入れ替わって見えた。そしてところどころに海藻のようなものが生えていて、これまたゆらゆらと揺れて、周りに影を作っていた。そして藻の陰から、赤や青や黄色やらさまざまな色の小さな魚が次々と姿を現し、さっと隠れ、また現れるといった光景が、そう、目地遥か果てしなく展開しているように見えた。何て美しいのだろうと思った。泳ぐことより、そんな光景に見とれていたから、うまく前進するまでにいたらなかったのかもしれない。

泳ぎの練習で私が四苦八苦しているとき、そばにやってきていたケンちゃんは、のし泳ぎですいすいと向こうのほうに進んでいったと思う。そしてしばらくすると姿を消してしまった。海で一緒に遊ぶならともかく、私の練習などに付き合っていられるかといった態度で、それもまことにもっともだと思う。家に戻ってお茶かなんか出してもらって一休みすると、ケンちゃんが川に魚釣りに行こうと誘ってくれた。どこからか子ども用の小ぶりの竿を二本持ってきて、その一本を渡してくれた。家からちょっと行った先に、我が家の近くにある小川よりたぶん三倍ぐらい幅の広い川があって、木の橋が架かっていた。その橋の近くに腰を下ろし、私たちは釣竿を下ろした。釣り針の先にどんな餌をつけたのか、まったく覚えていない。もしかしたら餌もつけずに、ケンちゃんがやっているように竿を振り下ろして釣り糸の先の針を水中に投げ入れると、とたんに何かが食いついてきて重みを感じる。それを引き上げると、ちょっとした魚がかかってくる。そういった動作をくりかえしていたのかもしれない。それは、ま近い海から遡ってきたハゼだということだった。ハゼはバカだから、ハゼ釣りは楽なんだよと誰かが言ったが、ケンちゃんではなくスエ小母さんだったような気もする。針にはなにか餌を付けていたのだろうか。もしかしたら、揺れ動く針を見ただけで食いついてきたのかもしれない。ケンちゃんはどれくらい釣り上げただろう。私は五十匹ぐらい釣ったと思う。持っていったいくつかのバケツに、あふれんばかりにハゼを詰め込んで、あふれんばかりの笑みとともにケンちゃんの家に帰っていったはずだ。あれが私にとって人生初の、そして絶後の釣り体験だった。その晩はハゼの天ぷらでもごちそうになったのだろうか。その夜のことはさっぱり覚えていないが。一泊させてもらったのは確かだと思う。父と一緒の部屋に寝かせもらったのも間違いないだろうが、あまり広い家ではなかったから、もしかしたらケンちゃんとも一緒に寝たかもしれない。キミちゃんはどうだったのかまったく記憶にないが、キミちゃんのことも気になっていたはずだ。私は自分と同じ歳の男の子がいて、その子にお姉さんがいると、なんだかいいなといつも思っていた。同じ小学校で一年から三年にかけて同級生だった小田君に、やはり二歳年上のお姉さんがいて、あれは私たちが三年生の時だったろうか、小田君と学校の廊下を一緒に歩いていた時、偶然彼のお姉さんとすれ違ったことがある。彼が姉ちゃんだよと教えてくれたのだ。が、お姉さんのほうは我々を無視、知らんぷりして行ってしまった。ほんの一瞬見ただけだったが、背のすらっとしたきれいなお姉さんだなと思った。そして何故か小田君はいいなと思った。それと同じように、あの夜、キミちゃんがいてケンちゃんはいいなと私は間違いなく思ったはずだ。そう、兄弟姉妹の中で、姉さんがいる子を見ると、決まっていいなと当時の私は思っていた。いまから考えると、一時一緒に過ごしていた母違いの姉、正子姉のことは、ふだん思い出すこともなくなっていたのだが、無意識のうち、心のどこかでいつも気になっていたのだろうか。

次の日の朝のことはよく覚えていない。覚えているのは佐々木の小父さんが、自分が使っている小舟を出して、それに乗せてくれたことだ。櫂でこぐ和船だった。船尾に引っ掛けてある櫂を、水に入れて左右に動かすだけでは舟は前進しない。櫂に、こねるような回転運動を付け加えて動かすと、舟は初めて前進する、そう教わり、実際に動かしてみなと言われ、やってみたのは覚えているが、ぶきっちょな私のこと、うまくできっこなかった。小父さんはある程度沖合にまで船を進めていった。その途中、いくつもの魚と遭遇したが、その中にまるで座布団が浮かんでいるようなものに出会った。エイだという。四角っぽい体の一隅から細長い尾が出ていて、そこにある毒針に刺されたら大変なことになるよ、死ぬ場合だってあるよと教わり、怖くてたまらなかったが、そう教えてくれたのは、もしかすると一緒に舟に乗っていた父だったかもしれない。小父さんが連れていってくれたのは、海の中に細い竹を並べた柵で囲われたところだった。囲いには入り口が一つしかなく、コの字のようにくねりながら奥のほうへと続いている。だから入り込んだ魚が奥のほうへと泳いでゆくと、魚たちはけっして後ろ向きには泳げないので、出口には二度と戻れず、結局は逃げだせなくなるという仕組みなのだ。なんという名の仕組みだったかは思い出せないが、中に入った魚がその中をうろうろ泳ぎまわるだけで脱出できない、そうした仕組みの囲いが、そのあたりの海に点在していた。そして、それぞれの囲いの所有者のみが、中にいる魚を一網打尽してよいということだった。あの時、小父さんの囲いからは何が捕れたかは覚えていない。ただそのあとで案内されたウナギを捕る仕組みからは、確か一匹ウナギが出てきたと思う。それは竹筒のような物を海に沈めて、その中にウナギが入り込んでいて出られなくなっているのを捕らえるという仕組みだ。柵の囲いと同じように筒は片方しか十全には開いておらず、入り込んだウナギはやはり後ろに向かっては泳げないので、そのまま捕ってしまうという構造になっていた。そうした漁を見せてもらったあと、浜辺近くに戻って、また父から平泳ぎの練習をさせられた。二日目だったから、少しは前進できるようになったと思う。水から上がった後、お昼をごちそうになったはずだ。もしかしたらさっき捕ってきたウナギか何かを料理してもらったかもしれない。いずれにせよその日の午後、佐々木家をお暇して父と二人帰途についた。

ぼんやりとした記憶の中で、父と久々に我が家の風呂に入り、何年振りだろうなと感慨にふけったことを思い出す。そしてこれが、もしかしたらこの風呂に父と一緒に入る最後かもしれないなとも思った。私が大きくなってきていて、親と一緒に入るような歳でもなくなっていたからだろうが、今後父が家に来ても、そんなにゆっくり過ごしてゆくことなど、ほとんどないに違いないと感じていたからでもある。一体あれはいつのことだったのだろう。いまにして思うと、木更津のスエさんのところから帰ってきたあの日の出来事だったような気がする。風呂は母が沸かしておいてくれていた。私は父の背中を懸命にこすった。父は色白で、もしかしたら私以上に白いなと、あらためてびっくりしたものだ。スエさん一家の色黒ぶりを見てきた後だから、そう感じたのかもしれない。父は手ぬぐいを水中でふくらませて押しつぶし、ぶくぶくと泡を出しては私を喜ばせるような、そんな遊びはもうやらなかった。そんなことで喜ぶような歳ではなくなっていたからだ。たぶん三年生ぐらいになっていたからだ。風呂からあがったあと、父は母の手作りの夕飯を食べたと思う。ほんとに何年振りかで三人揃ってご飯を食べるなんて、私は嬉しくてたまらなかった。でも疲れていたから、早々と寝付いてしまった。翌朝目が覚めてみると、父はやはりいなかった。あのときも、食事を済ませた後、隣町の別宅に行ってしまったという。父との海の思い出はこれですべてだ。

母と海へ、というか海辺の町へ出かけて行った思い出は、また別の意味で懐かしい。

湘南の茅ケ崎に母の兄、誠伯父さんの家があった。誠伯父とは母の郷里で会っただけで、東京のほうに住んでいると聞いていたような気がしていたが、実は茅ケ崎にいるのだと、小学校二〜三年のころに初めて知った。ある時母に連れられてかの地を訪ねたのだ。伯父の家は、国鉄の茅ケ崎駅の南側、駅を出てやや左斜めの道を、確か東海岸通りと言ったと思うが、その道をしばらく歩いたところ、子どもの足で七〜八分ぐらいのところにあった。商店街が終わり住宅街が始まったあたりだった。道路から左に入るとすぐのところだった。家の前、東南に面したあたりはちょっとした丘で、松を中心とした林になっていた。その林のところまではかなり広い庭で、大半は草地、もしかしたら芝生だったかもしれない。家はこじんまりした母屋とその東側に渡り廊下で続く別棟でできていた。細長いかなり大きな別棟で、確か五部屋ぐらいあって、母屋に最も近い一部屋に母や私は寝かされた。伯父たちはもちろん母屋で暮らしていて、食事や風呂は私たちもそっちで一緒に取っていた。母屋の南側にはかなり広いサンルームがあって、そこにあった肘掛け椅子で、朝、伯父が新聞を読んでいる姿が今でも目に浮かぶ。全体としてひどく古い家といった印象で、伯父と秋子伯母さんの二人で暮らすのに、最初からこんな広い家を建てたとは思えない。たぶん戦後数年して伯母の療養にも適しているはずのこの地に引っ越してきたのだろうが、今になってそう思うだけで、真相は分からない。当時は我が家も広いけど、さらにもっと広い家だなと驚いたのを覚えている。あの家を母と一緒に訪ねた最初の時期は、いったいいつだったのだろう。

秋子伯母は結核を患い、それがなかなか完治しないということだった。あの折、どういう理由で訪ねたかは、さっぱり思い出せないが、母がいろいろ手伝って食事を作ったり、翌日は掃除をしたり洗濯をしたりしていたから、伯母の調子が思わしくなく、手伝いに来てくれと伯父に言われ、私を連れて出かけていったのかもしれない。私に海を見せたいというのが理由だったはずはなかろう。でも翌朝誠伯父は、まだ朝食前だったと思うが、おい和磨、海まで散歩しに行ってこようと誘いだしてくれた。伯父の家から道路に出て左折すると、道路反対側の向かい側に、こじんまりした教会が建っていた。屋根の上に十字架があったので教会だと分かった。普通のお宅のような庭に囲まれ、門から砂利道を通っていくと入り口に達する、その様子が道路から垣間見られた。あの教会のことで記憶しているのは、伯父の家から西の方向を眺めていると、いやでも朝陽にあたって赤く染まった十字架や、夕日を浴びて黒いシルエットとなった十字架が目に入ったということだ。日曜日には出入りする人々の姿もにぎやかで、あそこには間違いなく神様がおられるのだなと思った。あの朝、私は初めてあの教会を意識し、あの道をおよそ七～八百メートルぐらい、ずうっと海のほうへと歩きながら、茅ケ崎の町の雰囲気が、それまでに出会ったこともないものだと気がついた。私の過ごしてきた世界と全然異なる雰囲気の町だった。広さや大きさはさまざまだが、どれもお屋敷と呼べるような家々が連なっていて、どの家もきれいな垣根で囲まれ、種々の庭木が植えられていて、純和風や西洋風の建物が、入れ替わり立ち代わり路の左右に展開してゆく。それまで見たこともないお屋敷町に私は入り込んでしまっていた。子ども心に、茅ケ崎は戦禍に合わなかったのだなと思った。歩きなれた様子の伯父はどんどんと進んで行く。そして、左手に道が入っていく街角で、こっちに行くと上原謙の家があるんだぞと教えてくれた。母が時々する映画の話から、有名な俳優さんだと分かった。母は小桜葉子というその奥さんの女優さんの話もしてくれていた。だが今ではそのご両親よりももっと有名人となっているだろう、ご子息の加山雄三は、当時まだ中学生になったかならないころだったろうから、地元でも何の話題にもなっていなかった。

あの朝やっと浜辺にまで行き着くと、広々とした砂浜が続いていて、左手にかなり大きな島が見えた。あれが江の島だと、そして真正面の海にぴょこんと突き出た岩があるが、あれが烏帽子岩だと教えてもらった。もしかしたら右手はるかに富士山が見えたかもしれないが、天気がどうだったか、西のほうには雲がかかっていたとすれば、あの朝には見えなかったかもしれない。それからのちも何度も訪ねた海岸だから、あそこから富士山は幾度となく眺めている。だからあの最初に訪れた日に見えたのかどうか、さっぱり思い出せない。ただし砂浜よりちょっと先の海の上を、二羽の鳥が追いかけあうように飛んでいたのは、確かに見たと思う。片方がもう一方を追って遠くのほうに飛び去ってゆくかと思うと、二羽とも反転し、追いかけられるのと追いかけるのとが入れ替わり、今度は二羽そろって渚近くにまでやって来る。そうした動きをいつまでもいつまでも繰り返していた。さあ戻ろうと伯父が言った。帰り道は、来るときよりもなじみの道となっていたので、左右に展開するお屋敷の様子を、もっと丹念に観察できた。お屋敷とはいっても、大小さまざまあって、なかには公園のように広い庭を持った豪邸もある。すごいお金持ちが住んでいるんだなと思ったら、伯父の家の古びていること、その庭もたいして手入れされていないことなどから、伯父さんはそんなにお金持ちじゃないなと悟った。

誠伯父さんについては、本人から何か昔話のようなことを聞いたことは一度もない。すべて母から聞いた話だ。伯父さんは東京のM大学を出てから、たぶん大正の終わり頃か昭和の初め頃に、社会運動だか農民運動だかというのを始めたそうだ。それがどういうことか、よくは分からなかったのだが、いずれにせよ戦争前に大学を出るというのは、かなりのエリートだったのだろうから、そういう生まれの若者たちが、高い意識を身につけてその種の運動に携わるようになっていたのだろうと、小学生ながら思ったものだ。いずれにせよ山梨のあの祖父の家は、相当の家柄だったのだろうか。少なくとも地主だったのだろう。が、戦後はそんな様子はまったくなかった。でも母も甲府高等女学校を出たというのだから、女の子にまである程度の教育を授けられる余裕のある家庭だったのだろう。母からも、戦前の林田家の経済状態などのことはいっさい聞いていない。後になっていろいろと推測するだけだ。ただ母の話から、あの村で戦前にあったという一つの出来事で、今でもはっきりと覚えていることがある。おそらく大正末ごろのことだろう。たぶん甲府の町にだろう、えらい宮様の息子さんたち二人が訪れてきたそうだ。近隣の村からも大勢が見に行ったという。道路に並んで到着を待っていると、警官たちが皆頭を下げろと大声を上げる。母の村から行った連中の何人かが、うっかり頭を上げて、車に乗ってやってきたその若い宮様たちを見て、思わずその一人が、「なんだ、うちの子らと変わらんな」と漏らしてしまった。と、傍らに潜んでいた私服の警官にそれを聞き咎められ、「誰だ、不埒なことを言ったのは」と、声の聞こえたあたりの面々四～五人を交番だか警察署だかに引き立て、ひどく厳しい取り調べをやったという。その当時宮様方と平民とは、身分が違うのだから、同じ次元の人間ではない、越えがたい貴賤の差があるのだという考えが当たり前だったのだろう。それを認めないような不埒な奴らは留置場に入れてやれということで、翌日までその連中は豚箱に留め置かれてしまった。そして顔やら腕やら、さんざ殴られ痣だらけの姿になって帰ってきたという。母はそうした無残な姿を実際に見たそうだ。これが昔の日本だったのよと語っていた。

私には少しも実感がわかなかったが、それにしても、今では考えられないようなひどいことが、実際に起きていたということは分かった。身分制度が重くのしかかっていたのだろう。そういうものを改革するのが社会運動で、そのためにもまず村の地主と小作という身分制度を廃止しようというのが農民運動だったということぐらい、しだいに理解できるようになった。伯父さんは、虐げられた下層の人々のために活動していたのだ、立派な人なのだと感じた。学生時代に伯父さんは、はやくもそうした運動に飛び込んだらしい。独身のおじさんが住んでいた東京の家に母がしばらく行って、食事を作ったりもしていたようだ。そのころ伯父さんのところに、時々泊りがけでやってきていた同じ学生運動の仲間たちのことも母は話してくれた。その中には、のちに社会党の委員長となって、演説中に暗殺されてしまった浅沼稲次郎もいたという。浅沼さんは伊豆の三宅島の大地主の息子だったという。そういえば三宅正一という人も、伯父さんの一番親しい親友だったらしい。母にとっても、とても懐かしい思いのする人々だったようだ。でもそうした活動に邁進していた学生さんたちは、どうやって生活していたのだろう。お金はどこで稼いだのだろう。小学生の私でも、そんな疑問を抱いたことがある。でも、母にも、ましてや伯父さん自身に対し、そんな質問をするなんて、絶対やってはならないと思っていた。たぶん郷里の祖父のほうから、種々の援助があったのだろう。だから伯父さんは、あのおじいちゃんに、きっと頭が上がらなかったんだろうな。そんなふうに思った。

しだいに時代は厳しくなっていって、日中戦争から太平洋戦争へと取り締まり体制もどんどん厳しくなっていっただろう。どういう理由を付けてかは知らないが、伯父さんたちの仲間も、危険人物として次々とつかまり投獄されるようになったらしい。すべて母から聞いた話だが、投獄された友達の一人を伯父さんはしばしば慰問したという。その時、やはり慰問にやってきていたその友人の妹さんと、もしかしたら監獄の中かあるいはその付近かで、伯父は出会ったらしいのだ。偶然だろうか、何回かそうした出来事があり、伯父さんはその妹さんと親しくなってしまった。そしてその人と結婚したいと願うようになった。祖父のもとに報告、その許可をもらおうとしたら、祖父は伯父が農民運動から足を洗うことを条件にしてしか、認められないと言ったのだそうだ。そうでなければ結婚は許さないと。新しい世の中を作ろうという伯父の立場からすれば、そうした家父長的な権威主義など無視することもできただろうが、戦争の足音の高まるような時代に、伯父は自らの愛のために、それまで献身してきた運動からきっぱり足を洗うことにしたという。伯父の愛した人、それが秋子伯母さんだということは、母から言われるまでもなく気づいていた。誠伯父さんは、愛のためにそれまでの生き方を変えたのだ、なんて素敵なんだろうと私は思った。

もっと後になって母から聞いたところによると、伯父さんはそうした類の運動から遠ざかった後、映画の製作活動に携わったのだそうだ。のちに森鷗外の『雁』の映画化などで名をはせた豊田四郎が監督をし、杉村春子が主演する「小島の春」という映画だったという。瀬戸内海だかの小島にあるライ病患者用の療養施設を舞台とした作品だったらしい。母の話によると、その打合せ現場だか撮影現場だかに赤子の私を連れていったところ、豊田監督がそれに気づき、かわいいねと抱っこしてくれたことがあったそうだ。ああいう立派な方に抱っこしてもらえたのよと、母は自慢げに話していた。私の記憶には百パーセントないことだから、私にとってはないに等しいことだ。たぶん私の生まれてほどない昭和十七年ころの話ではないだろうか。とすると伯父たちは、あの戦争の真っただ中でも、戦意発揚を目指すようなものとは真逆の映画を創ろうとしていたのだろう。それがせめてもの意地の張りどころだったのか。実際に完成し、各地で上映されたかどうかは知らない。後からの推測でしかないが、そういう類の映画など当局から認められるはずもなく、たぶん未完成で終わったのではなかろうか。この話からもう一つ分かるのは、伯父が伯母と結婚したのは、そうした文化活動に携わるずっと以前のことに違いないから、少なくとも日本がアメリカとの戦争を始めるかなり前の、昭和十二〜三年ころ、伯父が三十七歳前後のことだったのだろう。

秋子伯母さんはピアニストだったという。しかし結核を患ってしまったので、医者からピアノを弾くことを禁止されたというし、ましてや戦争中ピアノの音を立てることなんか難しかっただろう。茅ケ崎の家にはピアノはなかった。でも、ピアニストだったなんて素敵だな、きっとずいぶんとモダンな家に生まれたのだな、良い家柄だったのだなと思った。伯母のお兄さんも社会運動家で、投獄までされていたというのだから、そういう家柄から、世の中のゆがみを改良しなくてはと考える人たちが出てくるのだろう。

茅ケ崎には何度も何度も訪ねているから、いったいいつのことだったかは記憶に定かでないが、月のきれいなある晩、サンルームから秋子伯母と二人きりで外を眺めていたことがある。庭の草地がまるで池のように白く光り、その向こうの松林や、さらに先にある喬木類が複雑な影を作っていた。それらの木々の葉が風に揺れ、そのたびに月の光を浴びてきらめき、何かささやかな言葉を発しているように思えた。右手、西のほう、あの教会の十字架がやはり白く光っていた。遠く海のほうからは、波の響きが風に乗ってかすかに伝わってきた。それが夜の静寂の底に響いていた。そんな景色を眺めていた伯母さんには、月光だけが当たって、ほっそりとしたその横顔の半分だけが明るく見えていた。月が余りに明るかったから、部屋の電気を消していたのかもしれない。そうした伯母の横顔を見て、美しい面立ちだなと思った。普段見えるしわのようなものが一切消えていたからだろうか。そして伯父が伯母を愛したわけが分かったような気がした。伯母はふと「月がきれいね」と言った。そして「ねえ和磨ちゃん、ベートーベンの月光の曲って知ってる」と私に尋ねる。私は「なんだか聞いたことがある名前だけど」と答えたと思う。「昔弾いたことがあるけれど、とても美しいピアノ曲なのよ。レコードだけでもあれば、聞かせてあげたいんだけど」と残念そうだった。「月の光が静かな湖面に映って、きらきらと揺れながら輝いているような感じの曲よ」と聞いて、私は伯母さんがピアノを弾けたら聞かせてもらえるのに、残念だなと思った。あれからずいぶん経ってだろうが、ある時、実際にその曲をレコードで聞いて、本当にきれいなピアノ曲だなと感じた。あの折、伯母は確かドビュッシーという作曲家にも「月の光」という曲があるのよと話してくれたような気もする。曲名が似通っているので覚えていたのだろうけれど、実際にその曲を耳にしたのは、ずっとずっと後になってからだ。あの晩伯父は、私たちがそんな話をしたかなり後に帰ってきた。

玄関で伯父の声がすると、伯母はいそいそと立ち上がって迎えにいった。そして伯父さんに嬉しそうに「お帰りなさい」と声をかけていた。あの晩について覚えているのはただそれだけだ。次の朝だったろうか、伯父は「和磨、散歩に行こうかと」また声をかけてくれた。あの朝だったか、まったく違うときだったのか、中海岸通りという道を海まで歩いて行ったこともある。海岸近くにこんもりと茂った松林が続いていて、この先にと伯父が西のほうをさして言った、国木田独歩が入っていた結核療養所があるんだよと。その時には独歩の名前を知っていたから、少なくとも少学校六年生ぐらいにはなっていた頃だろう。あの朝の散歩と同じときだったのか、もっと幼い時期だったのか、浜辺で地引網を引いているのに出くわしたことがある。網の一番末端付近、近所の子どもたちだったろう、大勢のちびっこが、男の子、女の子の別なく網に手をかけ、よいしょよいしょと引っ張っていた。「おい、和磨もやってこいよ」と伯父に言われ、近づいて恐る恐る空いている場所に体を滑り込ませ、ほかの子と一緒になって網を引いた。網がすべて浜辺に引き上げられると、網の先端部のほうに種々の魚がごちゃまぜにわんさと詰まっているのが見えた。網の所有者だろう近くの漁師さんたちが、手伝った子どもたちにも、いく匹かずつ小魚を分けてやっていた。ぼんやりそれを眺めていると、伯父の「おい和磨、お前ももらって来い」という声。私もおずおずと漁師さんの一人に近づき、手を出してイワシだかアジだかを一匹もらったと思う。それを大事ににぎりしめ、美しいお屋敷町を突っ切って伯父と二人、家まで帰った。

伯父には頭髪がほとんどなかった。ずいぶん若いころから薄くなっていたらしい。それなのに定期的になじみに床屋に行っていた。母が「あんな頭でどこを刈ってもらうのかしらね」と陰で言っていたのを覚えている。ある時、「和磨、一緒に床屋に行くか」と伯父に誘われたことがある。どんな床屋に行くのだか興味があったし、私は当時坊ちゃん狩りをしていたから、それをきれいに整えてもらうのも良いと思い、付いていった。伯父はごく普通の町の床屋さんに行ったのだった。そして頭の周辺部にあるわずかな毛を切ってもらっていた。とくに耳の後ろあたりにある産毛を、いろいろ注文をつけて刈ってもらった。何が気になるのだろうと訝しかった。伯父は床屋を出れば、いつも外出するときにかぶるしゃれたベレー帽姿に再びなるのだから、なんでそんなに細かな点を気にするのかと思ったのだ。私のほうは坊ちゃん狩りをしていたのだから、あれは間違いなく小学生の時だ。私の進学した中学校では、男の子は全員丸刈りにさせられていたからだ。

伯父は結構おしゃれだったようだ。仕事に行くときも、ほとんどの場合蝶ネクタイをしていて、伯母がそのつける角度を細かく直してやったりしてから出かけるのだった。ずっと後になってから知ったのだが、当時伯父は、東京駅八重洲口近くに本社ビルのあった、友人が社長をしている会社の役員をしていたらしい。小学生時代の私には、何の関心も呼ばなかったことだ。伯父が出かけた後、伯母は片付けをすませてから、よく花を活けていた。生け花という日本式の活け方ではなく、いろいろな花を一緒にこんもりと花瓶の中に収める、西洋式のやり方だった。「ねえ、きれいでしょ。この花があっちの花と一緒になれば、もっと素敵になるでしょ。私この花大好きなの」と、独り言のように私に言った。そんな時伯母はとても楽しそうで明るかった。病弱の伯母は、お手伝いさんを頼まずに、一人で家事ができるということだけで嬉しかったのだろう。だからあんな風に私に語り掛けてきたのは、決まって私一人で遊びに行っていた時だった。母と一緒に出かけたのは、おそらく母に手伝ってもらう必要のあるときだったろうから、伯母が調子悪くなっていた時ということだったはずだ。

秋子伯母はある時次のようなことを言った。「伯母さんはね、結核が直らないから、いつ死ぬか分からないのよ。だから生きている今をとても大切に思うの。生きているってなんて素晴らしいかって。この世の中には驚くほど多くのことがあって、驚くほどたくさんの生き物がいて、みんな一緒になって生きているんでしょ。毎日毎日それを感じるだけで、この世の素晴らしさが分かるような気がするの。ほんと、今日も生きていたって思えるだけで幸せなのよ」。こんなことを述べていたが、あれは間違いなく私一人がいたときだったろう。若い私にこの世で生きる意義を、心から伝えたかったのだろう。あれがいつのことだったのか、まったく思い出せないが、伯母に関してはっきりと覚えているのは、埼玉の我が家にやってきたときのことだ。伯母一人で来たと思うから、どんな用事で来たのか、それともたまには自分のほうから遊びに行ってみようということだったのか、いっさい記憶にない。ただフランスの高名なピアニスト、コルトーが来日していて、その実演の中継がラジオであって、それを我が家の古いラジオに耳押し付けるようにして、熱心に聞いていた姿を覚えている。あのおり聞こえていたのはショパンだったろうか。ドビュッシーでなかったことは確かだと思うが。

伯父も我が家には時々やってきていた。決まって銀座の有名な菓子店のケーキを買ってきてくれるので、嬉しくてたまらなかった。伯父には私が一人前になるまで、ある意味親代わりをしてもらったと思う。あの茅ケ崎の海を初めて見てから十年ほどして、伯母が死んだ。さらにその十年足らず、伯父のほうも死んだ。伯父も伯母も幸せだったのだと私は信じる。そして木更津の佐々木家の人々も、その後一度スエさんがケンちゃんとキミちゃんを連れて我が家に遊びに来たことがあっただけで、それきり交流が途絶えてしまい、どうしたろうかと気にはなるが、少なくとも私の知っている限り、あの方たちは海と生きる幸せな人々だった。伯父の死後訪ねることもない茅ケ崎も、あの木更津も、ただ懐かしい海というだけでなく、幸せの原点を教えてくれた思い出の地として、私の中にいまなお留まり続けている。

あとがき

本書はある意味、石崎晴己氏の『ある少年H』に触発されて書かれた作品である。もともと「終戦の日前後」は、「終戦前後の思い出」というタイトルで『中央評論』という中央大学の雑誌（第二九六号、二〇一六年八月二十四日発行）に載せたものであり、「春のはなびら」は二〇〇九年一月二十日に角川書店から、私家版的な一冊として出したものである。その後のことだ。ほぼ定期的に石崎氏から同人誌『飛火』が送られてきて、そこに掲載されていた氏の思い出の記を毎回興味深く読ませていただいた。やがてそれらの文章がまとめられ、上記の作品として吉田書店から出版されたのを見て、私も自分の幼少年期の思い出をもう少し書きついでみたいという気持ちになった。だが掲載できるような同人誌は持たなかったので、あてもなく「子どもの情景」以下の短編五つを書き足していった。今回それらを一まとめにし、石崎氏を通し吉田書店にご紹介いただき上梓できたという次第である。石崎氏および、出版を引き受けてくださった吉田書店の吉田真也氏には、心より感謝申し上げる。

ところでこれらの思い出は、もっぱら私の記憶のみを頼りに書き上げており、描かれた時代の個々の事件などの客観性を確認することなくペンを進めていったものである。いつ誰との間で起きたことだったのか正確には思い出せないようなことも、そのまま書き連ねていった。それゆえ本書は私の自叙伝には違いないが、事実とは異なってしまった箇所もあろうから、ほとんどの登場人物は（歴史的に知られている著名人等を別として）仮名《かめい》にしてある。主人公であろう「私」自身も大野木和磨という名前になっている。という意味で、これは私の思い出をもとにして編んだ短編小説集としてお読みいただければ幸いである。

「子どもの情景」以下のものを書いていくうちに、ほぼ忘れていたようなことどもをいくつとなく思い出していったが、あの終戦直後の時代が、私たちの幼年期にどんな大きな影を落としていたかに驚き、こうしたごく個人的な体験が時代の大きな歴史と深く分かちがたく結びついていることに気づいた。これは私が専門的に研究してきたフランスの歴史家ミシュレの、「歴史とは復活である」という言葉の真実性を教えてもらうような体験でもあった。それは私自身の思い出の中で、今でははるか彼方の歴史となったあの時代がまざまざと復活してくるような体験だった。あの時代を回想するにしても、あの時を生きていた子どもだった当時の私自身の目から眺め直そうと決意し、できる限り当時の私自身の想いをもとに、あの時見たこと感じたことやっていたことなどをそのままに綴っていこうと努めた。その後七十年以上も生きてきたのだから、当然その後の体験からの判断や推察やらも混じってくるだろう。しかしあくまでも子どもの私が、見て感じて書いている形にしようと務めた。そうすることで、ああした幼い日の体験自体があの時代の真の歴史となりうるのではないかと思ったのだ。あの遠い遥かな時代をもう一度体験しなおし、そこで出会ったさまざまな人々ともう一度交わりあえたようにも感じた。今ではほとんど身罷ってしまった人々、父や母や伯父や伯母や祖父や祖母たちばかりではない、ほんの一時でも我が家で過ごしたことのある人たち、どこかで出会って共に過ごした時間のあったすべての人たち。それらの人々がかけがえのない私の人生を作ってくれた。最後に彼らに伝えよう。中島みゆきの歌（「誕生」）の言葉を借りて。大切なこと、それはすべての人がウェルカムといわれてこの世にやってきたことであり、生まれたこと、出会ったこと、そして一緒に生きていたことなのだと。そして「覚えていること」なのだと。彼女に倣い私も言おう、そう、私も覚えていたよと。

二〇二三年十月二十日

大野　一道

【追記】

あとがきを書いた直後、石崎さん（日頃の呼び方でそう書かせていただく）の訃報が届いた。そこで本書の出版直前の彼とのやり取りを追記させていただく。かねて、私も自叙伝的な物を書いているので、機会をみて吉田書店に紹介してもらえまいかと頼んでいたが、『続　ある少年H』

の感想を手紙で送ったところ、ちょうど八月二十三日、石崎さんから電話があり、「ぼく、じつはだめらしい」との言葉。以前から癌を患っていたことは知っていたので、「え、お体が？」と驚いて聞き返した。医者に行ってみてもらったら、もう打つ手がない、あとひと月ほどしか持たない、だから「通院しなくともよい、数日おきに家まで往診して緩和医療をほどこすから」と言われてしまったという。『続　ある少年H』は八月十五日付けの出版だったし、まだまだお元気だと思っていたので、私は仰天した。石崎さんは「大野さんの本の事、吉田書店に紹介して出版をたのんでみる」とおっしゃった。私は御好意を嬉しく受け止め、「よろしくお願いします」と答えた。

翌二十四日。本の紹介をしてもらうにせよ、以前書いた「春のはなびら」等は読んでいただいていたが、それも含めて新たに出したいとは伝えてあったので、本の全体像が分からなければ無理だろうと思い、朝、石崎さんに電話して、目次（当時はまだ「なつかしの海」は完成していなかったからそれ以外の）と「子どもの情景」を送りたいから、それを読んでからでも紹介していただければと伝えた。彼は喜んで引き受けてくれた。私が「こんなわたくしごとに貴重な時間を割いてもらって、ほんとうに申し訳ない」と言うと、石崎さんは「人生、わたくしごとばかりなのよ」と平然と応えた。その落着きぶり、従容たる態度には驚嘆させられたものだ。「まだしばらくは大丈夫だから、そんなにあわてなくてもいいよ」と彼は声をかけてくれた。

八月二十八日。石崎さんから電話。吉田書店に話しておいたから連絡をとってほしいとのこと。そして、ひどくしんどかったけれど「子どもの情景」を読了した。「冒頭の乞食が殺された話なんかも印象深くて面白かったよ」とおっしゃってくれた。まだまだ張りのある声だったが、いつまでこの声が聞けるものかと一抹の不安を感じた。

九月になってから電話で話すことはなかった。ただこの月の初めころ、私が札幌に出かけ、戻ってきてからメールでのやり取りをした。「父のいたころ」には書いたのだけど、私の父は母以外の女性を愛して家を出てしまった後、いろいろのいきさつをへて札幌に行き、今から五十数年前の八月末にかの地で亡くなり、墓も札幌にある。で、コロナ禍で三年間も行けなかったので久々にお参りしてきた、そして「もう来れないかもしれないが、間もなくそっちのほうに私も行くからね」と言ってきたといったことをメールした。と、石崎さんから、「『ある少年H』を読んだ人から、それまで聞いていなかった子ども時代のことを話してもらうことがよくあるよ」という返事が来た。九月末吉田さんと会うことができて、さっそく石崎さんにメールで報告した。

十月一日。その返事が電話で来た。メールを打つのがしんどくてならないので電話にしたとのこと。その声がいやにしゃがれていて、かなり弱々しい感じだった。その後「なつかしの海」を含めてすべてを印刷所のほうに回したから、初校が出る前に知らせるとの連絡が吉田書店からきた。

十月二十一日夕方。石崎さんの奥様からの電話。一瞬緊張感が走った。「石崎が大野さんとどうしても話したいと言うので、代わります。よく聞き取れないかもしれませんが、よろしくお願いします」、そう言って奥様は電話を石崎さんと代わった。彼の声がかすかに響く。弱々しくて全部の言葉はとても聞き取れない。ただ「もうぼく、はんとに駄目だよ……長いこと、友情、ありがとう」といった言葉が聞き取れたように思う。私は思わず涙ぐみながら、「長い間の友情、本当にありがとうございました」と答えた。そして、「どうぞ心やすらかに、心やすらかに過ごしてくださいね」と言うことだけができた。奥様が「もういいでしょう」と電話を代わる。そこで私は、「もうすぐ初校が出ると思います私の本、できあがったら必ずお送りしますから」と述べたが、石崎さんに見てもらうことは叶うまいと感じていた。

翌二十二日、石崎さんは息を引き取られたという。奥様の話だと、私への電話がご家族以外との最期の語らいだったらしい。この世における最期のしきまで、私のことを気に掛けてくださっていたのだ。人のために何かをなすという意味での仕事として、石崎さんは私の本の出版を最後の仕事としてなさってくださったのだ。そういう意味でも、本書が五十余年にわたる私たちの友情の記《しるし》として、恥じないものとなっていることを願う。

著者紹介

大野 一道（おおの・かずみち）

1941年東京生まれ、46年より埼玉で育つ。中央大学名誉教授。

1967年東京大学大学院仏語仏文学修士課程修了。

同年、NHK記者。1969年より白百合女子大学講師、同教授を経て、1990年より2012年まで中央大学教授。


著書に、『ミシュレ伝』、『「民衆」の発見——ミシュレからペギーへ』（以上、藤原書店）。

共著書に、『大学改革とは何か』（座談会記録）、『『地中海』を読む』（ウォーラーステインほかと）（以上、藤原書店）など。

共編著書に、『サンド・ハンドブック』（藤原書店）。

訳書に、ミシュレ『民衆』（みすず書房）、ルブラン『怪盗紳士アルセーヌ・ルパン』（旺文社）、ペギー『もうひとつのドレフュス事件』、フェロー『新しい世界史——全世界で子供に歴史をどう語っているか』（以上、新評論）、『ラ・フォンテーヌの動物絵本』（ライブ）、ミシュレ『女』、『世界史入門』、『学生よ』、『山』、『人類の聖書』、『全体史の誕生——若き日の日記と書簡』、ジョルジュ・サンド『スピリディオン』（以上、藤原書店）。

共訳書に、マザレラ『フランス詩法』（海出版社）、トルテル『文学への鍵』（白水社）、フェロー『監視下の歴史』、井上幸治編『フェルナン・ブローデル』（以上、新評論）、イヴ・ボンヌフォワ編『世界神話大辞典』（大修館）、ジョルジュ・サンド『歌姫コンシュエロ』、ミシュレ『民衆と情熱——大歴史家が遺した日記』、『万物の宴』（以上、藤原書店）。

監訳書に、ミシュレ『フランス史』（全6巻）、ジョルジュ・サンド『書簡集』（以上、藤原書店）。

春のはなびら
戦争の残照　わが幼年時代

2024年3月6日　初版第1刷発行

著　者　　大野一道
発行者　　吉田真也
発行所　　合同会社 吉田書店
102-0072　東京都千代田区飯田橋 2-9-6 東西館ビル本館 32
TEL：03-6272-9172　FAX：03-6272-9173
http://www.yoshidapublishing.com/
装幀　野田和浩
DTP　閏月社
印刷・製本　藤原印刷株式会社

定価はカバーに表示してあります。

ISBN978-4-910590-18-9